평화, 먼동이 튼다

평화교육시집

평화 먼동이 튼다

교육문예창작회 지음

해냄에듀

| 책머리에 |

지금은 '평화'라고 말할 때!

"멀다고 하믄 안 되갔구나."

북쪽 지도자의 입에서 나온 저 한마디가 남쪽 사람들의 심장에 꽂히던 날을 잊지 못합니다. 누구는 기적처럼 찾아왔다고 하고, 누구는 드디어 평화의 꽃이 피기 시작했다고 했습니다. 그럴지도 모릅니다. 하지만 아직은 아슬아슬하고 언제 꺾일지 모르는 꽃봉오리입니다. 내딛는 한 걸음 한 발짝이 조심스러울 수밖에 없습니다. 그렇다고 숨죽여 지켜보면서 기다리기만 할 일도 아닙니다. 저마다의 숨결을 모아내고 보태며 가녀린 꽃대를 밀어 올려야 합니다. 너무도 길었던 미움과 적대의 시간을 끊어내야 합니다. 그건 남북 당국자들에게 맡겨둘 일이 아니고, 나와 당신이 먼저 앞장서야 할 일입니다. 부드럽지만 단호한 목소리로 다 함께 '평화!'라고 외칠 때입니다. 간절한 바람을 담아 서로 손 모을 때입니다. 그 길에 교육문예창작회 회원들이 힘을 보태고자 모였습니다.

꿈은 현실을 밀어 올리는 힘입니다. 먼저 꿈꾸지 않으면서 현실에서 이루어낼 수 있는 것은 없습니다. 그래서 우리는 그동안 꾸어온 꿈을 여러분에게 꺼내 보이려 합니다. 함께 꿈꾸자고 손을 내밀려 합니다. 우리는 또한 언어의 힘을 믿습니다. 언어는 단순히 소통의 도구만은 아닙니다. 지금 당장 눈에 보이지 않고 손에 잡히지 않지만 언어는 비실체를 실체로 형상화하여 드러내 줄 수 있는 힘을 지니고 있습니다. 그런 믿음이 우리로 하여금 저마다의 가슴에 간직하고 있던 꿈에 언어라는 옷을 입혀 내보이도록 만들었습니다.

가지 않으면 길이 아닙니다. 끊어졌으면 잇고, 뭉개졌으면 일으켜 세우며 가야 할 길이 저 앞에 있습니다. 가도 그만 안 가도 그만인 길이 아닙니다. 가지 않으면 죽는 길입니다. 칠천오백만 겨레의 목숨이 걸린 길입니다. 그러므로 온 힘을 다해 가야 합니다. 서로 손 잡고 가야 합니다. 노래하며 가야 합니다. 춤추며 가야 합니다. 발 딛는 곳마다 평화의 노둣돌을 놓으면서 가야 합니다.

남북 정상이 만났을 때 통역사가 필요 없었습니다. 이 책에 실린 시들 역시 별도의 통역이 필요하지 않습니다. 마음으로 읽어내고 받아 안으면 충분한 시들입니다. 우리가 쓴 시들 위에 여러분의 가슴에서 뛰노는 평화의 마음을 포개주시기를 바랍니다. 그렇게 마음을 나누고 보태는 일부터 시작할 때 평화의 먼동이 터 오를 것으로 믿습니다. 내 안의 휴전선을 걷어내고, 평화와 통일을 갈망하는 벅찬 마음으로 설레며 걸어가는 당신의 길 앞에 이 시집을 놓아드립니다.

발간위원장을 맡아 애써 주신 김경윤 선생님과 모든 시편에 일일이 아름답고 멋진 글씨를 써준 김성장 선생님과 동료들께 깊은 고마움을 전합니다.

2018년 가을에 종전과 평화를 바라는 마음을 담아
교육문예창작회 회장 박일환

평화통일 시대의 시

조재도(청소년평화모임 대표)

❖ 교육문예창작회

교육문예창작회(이하 교문창)는 1989년 말 전교조 해직교사 가운데 글 쓰는 사람들이 모여 만든 단체다. 교사들이 전교조를 결성하여 교사가 노동자임을 선언했는데, '아니 왜 교사가 노동자야? 선생님이지, 그리고 선생님이 데모하면 되나?' 하는 일반 대중과 학부모의 두터운 벽을 거리 투쟁이 아닌 문학을 통해 뚫어보자 하는 고민 끝에 만든 단체다. 그러니까 교문창은 태생적으로 운동+문학이라는 유전자를 갖고 나온 셈이다.

처음 교문창은 문학보다는 운동에 방점이 찍혔다. 언어를 매만지기보다는 거리에서 구호를 외치는 일을 존재의 근거로 삼았고, 따라서 당연히 글에서는 불에 그을린 냄새가 났다. 진정성을 바탕으로 뜨거웠고 헌신적이었으며 선언적이었고 투쟁적이었다. 목소리가 높았고 결기가 있었으며 다짐과 비장함이 있었다. 회보를 만들고, 전국을 순회, 라고 하니까 좀 거창한데, 아무튼 돌며 시와 문학의 밤 행사를 가졌다.

그 후 전교조가 합법화되고, 해직교사들이 복직하고, 그런데도 교문창은 모였다. 주로 여름과 겨울 방학에 연수라는 이름으로. 다른 사람들은 그러한 우리를 보고 "맨날 모여 술이나 마시면서 연수라고 한다"며 눈을 흘겼다. 아무려나 연수든 술판이든 명맥 유지용 모임은 계속되었다. 그러면서 그동안 가졌던 운동 성향도 문학이란 이름의 작품성도 색깔이 희미하게 바래갔다. 그래서 교문창을 '술문창'이라고 했다. 운동이나 문학 같은 건 각자 알아서 하는 거고, 모이면 줄기차게 술을 마신대서였다.

그렇게 한동안 시간이 흘렀다. 깃발 아래 한두 명씩 다시 모이기 시작했다. 어느덧 푸른 옷에 실려 간 반백의 청춘들이었다. 나이 들면서 그에 따라 세상일에 대한 무덤덤과 허전한 자유가 늘어난 사람들이었다. 그래도 문학에 대한 끈을 놓지 않았던 사람들. 세상 변혁에 대한 열망을 꺼지지 않은 불씨처럼 가슴 깊이 간직하고 있던 사람들. 그들이 모여 깜냥껏 적당한 수준에 적당한 규모로 그러나 열심히 뭔가를 하기 시작했다. 시대의 혼란과 암울을 비켜 가지 않고 문학을 매개로 함께 하고자 『다시 교육과 문학의 안부를 묻다』(2015), 『안녕하지 못한 시대의 문학』(2016)이란 책을 펴내기도 했고, 세월호 희생 학생 추모 시 낭송회와 시화전을 6개월에 걸쳐 안산에서 갖기도 했다.(2017)

이번에 발간되는 '평화통일 시대의 시'를 주제로 한 사화집도 그 같은 일의 연속선 위에 있다.

❖ 선과 미

'착하다'는 곱고 어질다는 말이다. '곱다'라는 말에는 '예쁘다'라는 의미보다 '바르다'라는 의미가 더 들어 있다. 그러나 아름다움은 그 자체로 아름다움이다.

삼라만상에는 미적 세계가 들어 있다. 미적 세계는 미를 자체의 본질로 지니고 있는 미적 존재(여러 자연이나 사물, 인물)로 되어 있다. 자연에서 발견되는 아름다움은 자연미이고, 인간을 중심으로 한 사회활동의 아름다움은 사회미이다.

미적 세계(존재)는 인간의 차원을 넘어 있다. 쾌－불쾌, 선－악, 시－비, 도덕－부도덕, 규범이나 실효성 실용성의 관계를 떠나 있다. 미적 세계는 아름다움만을 본질로 하며, 그 자체가 하나의 세계이다. 그에 반해 선은 실용성이 극도로 발휘된 것이다.

예를 들어보자. 둥근 바퀴는 '선'하다. 바퀴는 구르는 것이 목적이기에 둥글어야 잘 굴러가고, 그때 바퀴의 실용성이 극대화된다. 따라서 세모난 바퀴나 네모난 바퀴는 선하지 못하다. 그러나 미의 차원은 그렇지 않다. 세모난 바퀴나 네모난 바퀴도 얼마든지 미적일 수 있다. 자전거 안장과 핸들을 생각해 보자. 자전거 안장은 세모난 형태로 자전거를 탈 때 엉덩이를 받쳐준다. 그럴 때 안장은 선하다. 핸들도 손잡이 역할을 하면서 방향을 잡아줄 때 제 역할을 다하며 비로소 선하다. 그러나 이러한 실용적 차원을 넘어 다르게 쓰인 경우, 예컨대 피카소의 작품 「황소머리」처럼 안장 위에 핸들을 거꾸로 놓으면, 원래 안장과 핸들의 용도(실용성)와는 전혀 상관이 없는, 황소머리라는 새로운 미적 세계가 탄생한다. 같은 이치에서 뒤샹의 작품 「변기〈샘〉」도 살펴보라.

시인이 시를 쓰는 행위는 주변에 널려 있는 미적 세계를 〈인식〉하여, 그것을 바탕으로 새로운 미적 세계(작품)를 언어로 창조해내는 것이다. 내가 이 말을 하는 이유는 교문창 작가들은 교사+시인으로서의 정체성을 갖기 때문이다. 교사로서 빠지기 쉬운 '범생이적' 자기인식의 함정—모범적, 교과서적, 선함(실용적), 교훈적, 인정적, 규범적, 도덕적, 국가적 등—

은 자기만의 미적 세계를 창조해야 할 작가로서의 정체성과 충돌을 빚는다. 교사로 혹은 교사 출신으로 문학을 하는 사람은 이 점을 통렬히 짚어 봐야 한다. 내가 하고 있는 문학이 어떤 것인가를. 왜냐면 그 사람의 경험과 역할이 그 사람의 의식을 규정하기 때문이다.

교사로 적당히 하면서 지금 세계에 안주(매너리즘)할 것인가, 작가로 자신을 궁극으로 밀어 올려 하나의 세계를 성취할 것인가는 문학을 대하는 각자의 몫이다.

❖ 평화와 통일을 노래하는 시

이번 사화집에는 46명의 작품 77편이 실려 있다. 시인이 대부분인데, 소설가와 동화작가의 참여가 있어 이채롭다. 주제를 미리 주어서인지 작품 내용은 '평화와 통일'에 집중되어 있다. 교문창에서 낸 책들 가운데 이번 사화집이 규모로 볼 때 최대가 아닐까 한다. 수록 작가들을 보면 시인, 소설가, 동화작가에, 전국 각지에서 활동하고 있고, 처음 참여하는 사람부터 오랫동안 함께해 온 이들도 있다. 그야말로 장르, 지역, 신구 불문으로 참여자를 최대한 그러모아 교문창 역사상 최대의 양적 성과를 거두었다. 작품 성격도 많은 참여자만큼이나 다채롭다. 편편마다 작가의 특장이 드러나 있고, 다루고자 하는 내용을 어떻게 시적으로 풀어낼 것인가 하는 고민의 지점도 엿보인다.

우리는 '시의 시대'라 하는 1980년대를 경험했다. 시는 투쟁의 강력한 무기였다. 왜? 시는 화살이 되어 적의 심장에 곧추 날아가 박혔으니까. 지금도 그러한 시의 역할은 변하지 않았다. 그러나 시를 쓰는 시인은 변해야(발전해야) 한다. 현실 상황이 다른데, 1980년대적 인식과 정서로 시를 쓴다면 외면받을 일밖에 없다. 우리는 혹 그때의 정서와 어조로 발전 없는 시를 답습하고 있지 않은지 반성해야 한다. 리얼리스트가 아니어도 안 되지만, 리얼리스트이기만 해서도 안 될 일이다. 한 편의 시가 허공을 향해 휘두르는 도끼질이 아닌, 상대의 눈을 정확히 찌르는 바늘이 되어야 하지 않겠는가.

『평화, 먼동이 튼다』 발간이 평화와 통일로 가는 길에 작은 디딤돌이라도 될 수 있기를 바란다.

한강에서 대동강까지

平和 먼동이 튼다

김태철 詩에서 장동광 쓰다

| 차례 |

우리가 그린 지도

경윤영

6월 어느 날
토론을 즐기는 7반 아이들은
오늘도 진행 중이다.

분단 비용보다 통일 비용이 더 든다며
하지만 마그네사이트가 묻힌 동방의 엘도라도를 함께 나눌 수 있다며
그러나 통일 독일은 그 무게를 견디기 버거워한다며
그럼에도 세계 유일의 분단국가 오명은 부끄럽다며

소리가 켜켜이 쌓여 심장이 쫄깃거리는 순간

이 모두를 무색하게 만든 마지막 발언자 건이의 제안
"여러분~ 우리나라 지도를 빠르게 그려 보세요."

토끼, 호랑이, 디테일은 다소 달라도
백두에서 한라까지 온전히 담아
30명 모두 온전히 닮아
군사분계선 따위 없이 온전히 닮아

경윤영 | 안산 송호중학교 국어 교사이며, 안산시흥국어교사모임 '열정' 회원으로 활동하고 있다.

토끼 호랑이 디테일은 다소 달라도
백두에서 한라까지 온전히 담아
실십 명 모두 온전히 닮아
군사분계선 따위 없이 온전히 닮아

김윤영 詩

우리가 그린 지도

김성장 붓

견우와 직녀

공정배

견우와 직녀의 사랑은
일 년에 한 번만 허락되는
구겨진 분단 스타일
일 년에 한 번이 어디냐는
위협의 끄트머리에서
가슴에 묶어 둔 지난 일들
다 풀어내지도 못한 채
아픈 상처로 남은 작별

진통제 한 알의 힘으로
통증이 사라지기도 전
또다시 고통은 관습처럼 시작되고
깊은 상처와의 싸움은
진통제로는 치유되지 않는다

고통스러운 상처 크기만큼
통증과 싸우며 아픔을 걷어내는 힘
사랑은
더 이상 기표(記表)가 아니므로
오작교를 거부하고 새로운 길을 만들 때
우리의 사랑은 평화스러운 것이다.

평화는 관습처럼
슬며시 오지 않는다.

공정배 | 1989년 『노동해방문학』, 1990년 『한길문학』으로 작품 활동 시작. 시집 『모여살기』가 있으며, 덕소고 수석교사 및 한양대학교 겸임교수로 근무 중이다.

견우와 직녀의 사랑은

일년에 한번만 허락되는 구겨진
분단스타일 일년에 한번이 어디냐는
위협의 끄트머리에서 가슴에 묶어둔
지난일들 다 풀어내지도 못한채
아픈상처로 남는작별

공정배 詩 견우와직녀 中
김미情 쓰다

총성

공정배

이념과 사기술
둘은 불륜이 깊어져서
M1 방아쇠를 당긴다.
파괴적 협동으로 공격이 시작되고
강한 전우애를 출산한다.
권력의 욕망을 위한
이념의 발자국은 선명해지고
사기술은 점점 부풀어
병사들의 감정에 불을 지른다.
총성은 환상에 대한 허구
늘 낙관으로 날아가지만
삶과 죽음의 경계가 선명한
혈관 속으로 들어오는 소리
그 속의 속에서
이념과 사기술을 향한
뼛속까지 파고드는 반격
비로소 평화는
저 죽음의 강을 무너뜨려야 온다.

이념과 사기술
독은 불륜이 깊어져서
세 방아쇠를 당긴다.
파괴적 혐오증으로 공격이 시작되고
강한 전우애를 출산한다.
권력의 욕망을 위한
이념의 발자국은 선명해지고
사기술은 점점 부풀어
병사들의 감정에 불을 지른다.
총성은 환상에 대한 희구
늘 낙관으로 날아가지만
삶과 죽음의 경계가 선명한
혈관 속으로 들어오는 소리
그 속의 속에서
이념과 사기술을 향한
뼛속까지 파고드는 반격
비로소 평화는
저 죽음의 강을 무너뜨려야 온다.

공정배 詩 홍성
가성장 붓

보온병

김경옥

박종철 고문치사사건을 지휘한 담당검사 안상수는
4선의 국회의원 한나라당 대표가 되었다
포격으로 무너진 건물 잔해 위에서 보온병 들고 사진을 찍었다
얼룩무늬 군복 입은 장성 출신 의원이 포탄은 76mm라고 확인해준다
군정합작이다
보온병을 포탄으로 만드는 나라
윤봉길 의사 물병 폭탄을
전복적으로 이어가는 놀라운 상상력이다

보온병 속 차가운 암갈색 냉커피
커피보다 어두운 세월이 오래 쿨럭였다
다방 오토바이 급브레이크, 넘어지는 날엔
흐르는 커피 핏자국으로 남았지
남매
동백림
유학생
일가족
어부
재일교포
문인들을
조기 두름으로 거꾸로 매달고
간을 첩첩이 치던 세월
붉은 살코기만을 탐하던 세월이었다

끝이 보인다고? 그 끝이 보인다고?

편한 날 하루도 없었던 우리들
시절은 간다
믿어도 믿기지 않아도 간다
평화여
울음 터지는 평화여.

김경옥 | 2003년 〈무등일보〉 신춘문예 당선, 2004년 『시와 사람』 신인문학상 수상으로 작품 활동 시작. 시집 『기러기의 죽음』이 있다.

편한 날 하루도
없었던 우리들
시절은 간다
믿어도 믿기지 않아도
간다 평화여
울음 터지는
평화여

김경욱 詩 보은병中
김미倩 쓰다

관절염과 보온병

김경옥

무너진 그 자리, 다방이었지
작은 채반에 보온병을 보자기로 싸서
오토바이 뒷자리를 타고
연평 시내를 달리던 박양아
바람에 날리던 머리카락아, 세상에

네가 나르던 그 보온병이 포탄이었다는구나
서로를 겨냥하던 포신의 각도랑
오토바이 위에서 출렁이던 보온병의 기울기가 비슷하긴 해
목청 높이는 이, 놀라는 이, 웃는 이
사람이야 다 다른 것 또 같은 것이지만
흐린 날씨 불온해
실향의 하늘에 포물선 보온병이 날다니

70년 세월 관절염에 몸이 저린 나는
등대 주변에서 아직도 아프다
허리며 무릎 팔꿈치에서 손목, 손가락 마디마다
뼈가 이어진 곳이면 안 아픈 데 없다, 관절이여
제대로 이어지든지 쑤시기만 할라믄 차라리 부러지고 말든지

관절 통증 가실 날이 오기는 온단디
그 아픔도 끝이 보인단디
나는 아직도 믿기지가 않는다

한 식경이면 다녀올 저기 장산곶
이번에는 미친 척이라도 가자
가을 단풍 지기 전에 가자
따뜻한 커피 담은 보온병 챙겨라, 박양아.

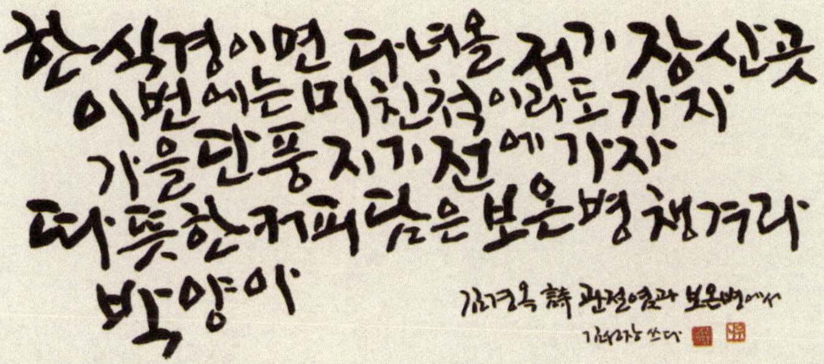

평양랭면 먹으러 가자

김경윤

아들아, 평양랭면 먹으러 가자
가끔 서울에 올라가는 나를 데리고
종로3가 좁은 골목길 냉면집에 가서 먹던
닝닝한 평양냉면 말고

어느 해 가을 북경 여행길에서
혹시 불심검문이라도 받지 않을까
눈치를 살피며 호기심 가득 안고 먹던
북한식당 평양랭면 말고

통일열차 타고 옥류관에 가서
슴슴하고 고소한 평양랭면 먹어보자

냉면과 랭면 사이
ㄴ과 ㄹ 사이 그 지척의 거리
가로막은 턱 하나만 넘으면 금방인 것을
차마 오가지도 못하고 살아온 통한의 세월
냉면 사리처럼 길고 긴 그 그리움

너는 말고 나는 비비고
새콤한 다대기 알싸한 겨자도 듬뿍 치고
면과 양념이 하나 되듯
남과 북이 하나 되는 날

우리 넋이라도 하나 되어
평양랭면 먹으러 가자, 아들아

김경윤 | 1989년 무크지 『민족현실과 문학운동』으로 작품 활동 시작, 시집 『아름다운 사람의 마을에서 살고 싶다』, 『신발의 행자』, 『바람의 사원』 등이 있다.

면과 양념이
하나 되듯
남과 북이
하나 되는 날

우리 넋이라도
하나 되어
평양랭면
먹으러 가자
아들아

김경윤 詩
평양랭면 먹으러 가자 에서
자운 양은경 쓰다

어느 날 청진항 선술집에 앉아

김경윤

경의선 막차는 좀처럼 오지 않고
주먹눈이 억세게 내리치는 밤
함경도 사투리를 닮은 파도소리 투박한
청진항 어느 선술집에 앉아
어제 만난 북쪽 시인과 오랜 동무가 되어
차마 그리움도 가닿지 못한 사연과
녹슨 레일에 묻어둔 세월의 상처들을
뜨거운 술잔에 털어 넣는다
붐비는 술청에는 붉은 눈물을 토해내는 석탄 난로와
대동강 맥주를 홀짝이는 젊은이 몇
남도에서 왔다는 눈 맑은 청년은 블라디보스토크에서
시베리아 횡단 열차를 탄단다
지난밤 한라산 소주와 백두산 맥주를 섞어 만든
시원한 통일주에 취한 우리는
푼푼한 함경도 아짐씨가 내온 알싸한 북엇국에
헛헛한 뱃속을 달래며 해남산 흰 쌀밥을 만다
통일의 노랫가락에 어깻바람이 난 누군가는
뜬마음으로 청진항 부두에 나가
눈포래 휘몰아치는 바다를 향해 목청을 돋우고
뒷생각 많은 나는 선술집 창가에 앉아
저 멀리 우련한 집어등 불빛을 바라본다

불비는 술청에는 붉은 눈물을 토해내는
석탄 난로와 대동강 맥주를 홀짝이는
젊은이 몇 남도에서 왔다는 눈 맑은 청년은
블라디보스토크에서 시베리아 횡단 열차를
탄단다 지난밤 한라산 소주와 백두산
맥주를 섞어 만든 시원한 통일주에 취한
우리는 푼푼한 함경도 아짐씨가 내온 알싸한
북엇국에 헛헛한 뱃속을 달래며 해남산
흰쌀밥을 만다 통일의 노래가락에 어깨
바람이 난 누군가는 들뜬 마음으로 청진항
부두에 나가 눈보라 휘몰아치는 바다를
향해 목청을 돋우고 뒷생각 많은 나는
선술집 창가에 앉아 저 멀리 우련한 집어등
불빛을 바라본다

김경윤 詩 어느날 청진항
선술집에 앉아　김성장 붓

널문리 딱따구리

김민곤

저기 방아다리 있던 자리
도보다리 하나 생겼네

부자 사인가 숙질 간인가
밀담하는 저기 두 사람
낮말 듣는 내 밝은 귀에도
아무 소리 들리지 않네

내 부리에 주름진 등을 맡기는
오백 살 떡갈나무 할멈 이야기에
못이 박힌 박새 뻐꾸기 개똥지빠귀
내 벗들도 바람 따라 기웃기웃
고개 숙인 억새 사이로 날갯짓 하네

그 시절 볏섬 쌓인 방앗간에
아침마다 참새 떼 와서 모여 놀고
갓 찧은 연백평야 기름진 햅쌀에
장단 서리태도 듬뿍 놓고
아비 어미 한낮에 떡을 치면
할머니 손주 무리 오손도손 둘러앉아
달 떡 별 떡 웃고 울고 살던 동네

석 삼 년 모진 폭격으로
터진 핏물이 깨진 물레방아를 돌리고
층층이 볏섬 있던 자리에
뼈가 섬으로 쌓여 삭아 내린 이야기

저기 저 사람들도 알고 있겠지?

아아, 그럼 우리 다시 보겠네
총포 지뢰 쇳소리 강물 속에 잦아들고
저 녹음 너머 녹슨 철망 말끔히 걷혀
새털구름 낯을 씻는 실개천을 따라
물레방아 연자매 돌확 우에 도는 모습

아아, 그럼 우리 다시 듣겠네
파주 처녀 장단 총각 방앗간에 숨어
이른 아침 참새 떼 호들갑 속에
남남북녀 신바람 떡메 치는 소리
얼레리 꼴레리 방아타령 소리

김민곤 | 프랑스어 교사로 36년 근무하고 2016년에 정년 퇴임 기념 시집 『우포주막』을 냈다.

그 시절 볏섬 쌓인 방 윗간에
아침마다 참새들 떼 와서 모여 놀고
갓 찧은 연백평야 기름진 햅쌀에
장단 서리태도 듬뿍 놓고
아비 어미 한낮에 떡을 치면
할머니 손주 무리 오손도손 둘러앉아
달떡 별떡 웃고 울고 살던 동네

김민교 詩 널문리 떡메소리 에서
김성장 書

석모도에서

김민곤

새 시대 새 길 열어젖힌
판문점 선언
하루 하고 이틀날
바람은 순하고 햇살 역시 포근하다

해명산에 올라
낙가산 보문사 능선을 타며
서쪽 바다를 조망하느니

서해 용왕 거북 등에 올라
해바라기 납시어 한적하겠고
함포 닦던 잘 생긴 수병
"엄마, 마음 놓고 마실 나가요."
하품도 하겠다

저 잔잔한 물결 너머 교동도
연백평야 닭 우는 소리 들리는 섬
고향 떠난 혼백들 이제 곧
밴댕이야 꽃게야 물길을 열어
태 묻은 고향 성묘할 날도 오리라

저 잔잔한 물결 너머 교동도
연백평야 닭 우는 소리 들리는 섬
고향 떠난 혼백들 이제 곧
밴댕이야 꽃게야 물길을 열어
태 묻은 고향 성묘할 날도 오리라

김민곤 詩 석모도에서 한곳
초아 추연이 붓

나팔꽃

김성장

당신이 목숨을 걸고 왔던 길을 아무런 위험도 없이 왔다
하늘을 날아올라 대륙을 가로질러 가명도 없이 망명도 없이 왔다
하늘까지 길을 막는 분단을 메고 청산하지 못한 친일의 그늘을 끌고
목숨의 길 위에 나팔꽃은 피어 진군 소리 울리는데
우리는 꿀을 사느라 웅성거리며 피의 계곡을 올려다본다
당신이 떠나던 날 조국의 길가에도 나팔꽃이 피었던가
당신이 떠나던 날 아내의 가슴도 저렇게 붉은 보라였던가
해방도 이루지 못하고 독립도 이루지 못하고
계급의 질곡도 타도하지 못하고 못하고 못하고
꽃 같던 세 살 어린 아들의 손도 다시 잡지 못하고
당신이 쓰러지던 날의 하늘도 저렇게 붉은 보라였던가
동학군으로부터 의병으로부터 삼일 민중으로부터
최시형 전봉준 황현 홍범식 이청천 김구 김좌진 이동휘 홍범도
신돌석 이회영 이육사 윤세주 신채호 진광화 김원봉 그리고
이름도 없고 얼굴도 없고 주소도 없고 없고 없고
남길 것 아무것도 없이 흩뿌려진 피도 붉은 보라였던가
당신의 가슴을 뚫고 간 총탄도 저렇게 붉은 보라였던가
나팔꽃은 좌우를 가리지 않고 길가에 피어 있는데
나팔꽃은 무장도 없이 저리 짙은 목숨을 피워 올리는데
투쟁의 발길이 지워진 계곡을 새들만 날고 있다
공작 후작 백작 자작 남작 조선총독부 만주군관학교

동양척식주식회자 일진회 대정친목회 동민회 국민협회
누구는 살아서 부귀를 누리고 죽어서도 이름이 휘황한데
그리고 대를 이어가며 강남을 덮고 의열을 짓밟는데
신흥무관학교 대한민국임시정부 조선의용군 고려혁명당
경성트로이카 조선공산당 조선민족혁명당 신간회 의열단
누구는 살아서는 부르튼 발로 산천을 헤매고
죽어서는 남과 북 모두에게 잊혀져 구천을 헤매는데
북간도로 만주로 연해주로 상해로 시베리아로 당신이 걷던
목숨의 길에는 지금 무슨 꽃들이 피어 합작을 이야기하는가
민족해방과 계급투쟁과 노농연대와 이상국가를 노래하는가
정든 임이 오셨는데 인사를 못하던 아낙의 행주치마*는
지금 어느 전선의 깃발로 나부끼고 있는가
나팔꽃은 최후의 결전을 독려하듯 붉은 보라로 피어
우리 발걸음을 이끌어 간다 이것이 당신의 뜻인가
당신이 이룩한 것은 우리를 불러 광야를 건너게 하는 것
당신이 이룩한 것은 우리를 벼랑 앞에 세우는 것
이루지 못한 것이 많아 점점 더 붉어지는 가슴으로
당신이 이룩한 것은 팔월의 하늘에 흰 구름을 걸쳐 놓는 것
제국이 물러간 자리에 또 다른 제국이 들어오고
제국이 물러갔지만 제국의 주구들이 다시 점령한 자리
나팔꽃 여린 줄기는 골짜기를 덮고 산을 넘어

압록강을 건너고 대동강 한강을 건너고 파쇼를 넘어
당신이 떠나오던 길을 되돌아 충주로 대전으로
백두대간을 넘어 통곡을 넘어 밀양 감천리**에 닿을 것이다
태항산 십자령에서 운두저촌에서 상무촌에서 장자령에서
당신의 시신을 끌고 이국의 민초들이 걸어간 백리길에서
이름 없는 것들은 이름 없는 것들끼리 연대하며 살아가듯이
당신의 숨소리가 지층으로 쌓여 있는 오지산 절벽
무너질 듯한 벼랑을 딛고 나무 한 그루 자라고 있다
불의 가득한 산천을 향해 뻗어가는 청산의 손짓
어제는 바람이었으나 내일 하늘을 물들일 나뭇잎이
우리 어깨를 어루만지며 동북쪽으로 나부끼고 있다
독립문의 자유종이 울릴 때까지 인내천에서 통일까지
평등에서 평화까지 당신에서 우리까지

* 의열단의 핵심 인물이 밀양 출신 김원봉이었는데 그들이 가장 즐겨 부른 노래가 밀양 아리랑이었다고 함.

** 의열단원이었던 윤세주의 고향 마을. 그는 중국 태항산 전투에서 일본군의 총에 맞아 죽었다.

김성장 | 시인. 캘리그래퍼. 시집 『서로 다른 두 자리』 정지용 시 해설서 『아무러치도 않고 여쁠 것도 없는』, 손글씨 시집 『내 밥그릇』이 있다. 현재 충북문화재단 이사이자 세종손글씨연구소 소장으로 활동하고 있다.

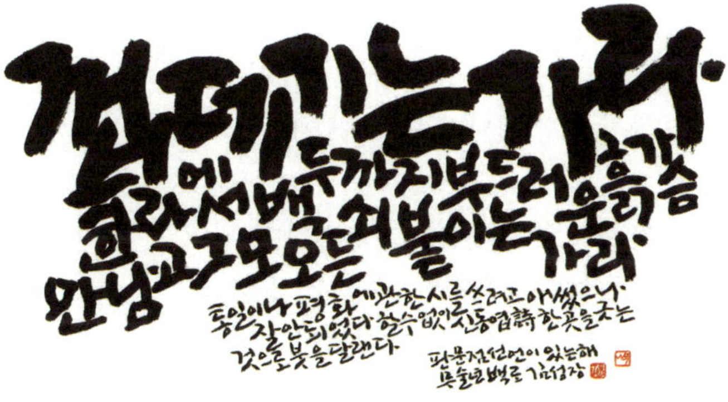

통일이나 평화에 관한 시를 쓰려고 애썼으나
잘 안되었다 할수 없이 신동엽 詩 한 곳을 긋는
것으로 붓을 달랜다

교동도 제비집

김영언

그저 대대로 흙으로 살아온
사상도 모르는 농투성이 가족
영문도 알 수 없는 전쟁 통에
예성강 하구 드센 물살에 떠밀려
잠시 건넌 바다가 평생이었네

완강하게 가로막힌 철책선 너머
눈길조차 마음대로 드나들지 못하고
탁하게 소용돌이치는 물살에 실어
닿을 수 없는 그리움만 건네 보낸 지
어언 한평생 한탄이었네

큰 원한도 다 풀렸을 긴 세월
행여나 아무리 기다려도
다시 돌아가 벼 포기 꽂지 못하고
집으로 돌아갈 수 없는 류 씨에게
집이 오히려 돌아왔네

어머니같이 너른 갯벌 품 안 가득
오순도순 길러내던 삶 넘실대던 연백평야
곱고 찰진 고향을 한 모금씩 물고 와
처마 밑 우체통처럼 지은 집
눈시울 뜨거운 교동도 제비집

김영언 | 1989년 『교사문학』 1집으로 작품 활동 시작. 계간문예 『다층』 신인상 수상. 시집 『아무도 주워 가지 않는 세월』, 『집 없는 시대의 자화상』이 있다.

집 좋아 다시 왔네

어머니 같은 이 너른 갯벌 품 안 가득
오순도순 길러내던 숨결 넘실대던 연백평야
곱고 찰진 고향을 한 모금씩 물고 와
처마 밑 우체통처럼 지은 집
눈시울 뜨거운 교동도 제비집

김영언 시인의 교동도 제비집에서 담운 김수경

죄인

김영언

포연이 퇴색시켜 버린
흑백의 역사 속에
그을음처럼 얼룩져 있는 녹슨 증오를
퇴락해가는 마지막 철조망에
녹슨 사상의 인질처럼 걸려 있는
허리 꺾인 한반도의 신음을
아직도 씻어내지 못한다면

그저 살기 위해 나선 피란길에서
어미의 손을 놓친 네 살 난 아들이
결코 놓을 수 없던 그리움으로
반세기도 훨씬 넘도록 달려오고
어린 자식의 손을 놓쳐 버린 어미가
차마 눈감을 수 없던 애통함으로
구순이 넘도록 마지막 기력을 다해 달려가
마침내 천둥처럼 부둥켜안고
해묵은 녹을 닦아내며 채색하는 풍경
오로지 시리도록 순결한 눈물 하나로
다시 살려내고 있는 저 풍경 하나가
역사를 목메이게 하고 있을 때
함께 목메이지 못한다면
다 함께 눈물이 되지 못한다면

우리는 죄인이다

우리는 모두 역사의 죄인이다

그저 살기 위해 나선 피란길에서
어미의 손을 놓친 네 살난 아들이
결코 놓을 수 없던 그리움으로
반세기도 훨씬 넘도록 달려오고
어린 자식의 손을 놓쳐버린 어미가
차마 눈감을 수 없던 애통함으로
구순이 넘도록 마지막 기력을 다해 달려가
마침내 천둥처럼 부둥켜 안고
해묵은 녹을 닦아내며 채색하는 풍경

김영언 詩 죄인에서

김서향 書

도보다리 위에서

김영춘

너의 발걸음에 맞춰 내가 걸을 때
내 발걸음을 너의 발걸음이 맞춰 걸을 때
그것을 서로 어느 순간에 알아챘을 때

세상에는 그저 가슴 뛰는 일이 있을 뿐이다

호젓한 산길을 구부러져 돌아올 때
너는 나에게 네 이야기를 애타게 하고
나는 내 속 이야기를 뜨겁게 할 때

세상에는 우리들 숨소리만 남을 뿐이다

어디냐고 물었더니 도보다리라 한다
걷지도 못한 채 도보다리라고 한다
남들이 그리 부른다 한다

김영춘 | 1988년 『실천문학』 복간호를 통해 작품 활동 시작. 시집 『바람이 소리를 만나면』, 『나비의 사상』이 있다

끊어진 길 위에 마주 앉아서
외세를 등진 내 눈빛은 너에 이르고
총칼도 잊은 너의 눈빛이 나에 이를 때
피할 수도 없이 서로의 가슴에 도착하고 말 때

세상의 산등성이마다 먼동은 터오는 것이었다.

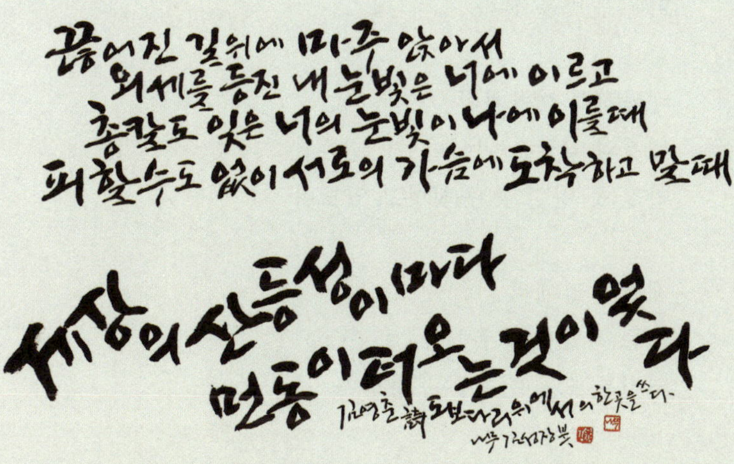

새벽길

김영춘

하룻밤을 지나쳐 왔을 것이다

지난 일을 까맣게 잊은 듯
새로운 세상이다

우리가 끌고 오던 모든 썩은 것들은
저 건너 어젯밤에 처박아두는 것이 좋겠다

새벽길에 서서
어린 풀잎과 낯익은 곡식의 솜털에 맺힌
맑은 눈빛을 본다

햅쌀처럼 햇밤처럼
햇것의 얼굴로 피어나
안길 듯 안길 듯 몸짓하고 있느니

새벽길 앞에서
모든 욕망은 누추하다
저지른 모든 전쟁은 무참하다

우리가 질질 끌고 오던 모든 썩은 것들은
저 건너 어젯밤에 처박아두는 것이 결코 좋겠다

새벽길

새벽길앞에서 모든 욕망은 누추하다
저지른 모든 전쟁은 무참하다
우리가 질질 끌고오던 모든 썩는것들은
저 건너 어젯밤에 처박아두는것이
결코 좋겠다

김영춘詩 새벽길에서
백인서 쓰다

그대여, 맨몸으로 오라!

김윤현

남녘의 그대여, 맨몸으로 오라
북녘의 그대여, 발가숭이로 오라
가진 것 다 내려놓고 발가숭이 맨몸으로 오라
그리하여 우리 다시 만나자
내 것, 네 것 다 보따리처럼 내려놓고
만나서 그려보자, 우리 영원히 살 곳
아들들이 축구라도 한판 하며 함께 땀 흘릴
손주들이 고사리손 서로 잡고 소풍이라도 갈
그림을 그려보자
어른들은 점심을 평양에서 냉면으로 먹고
서울에서는 저녁으로 설렁탕 나눠 먹으며
목청껏 아리랑을 불러 볼 그림을 그려보자
그렇지, 숨겨놓은 쇳덩어리부터 내려놓고
권력도 지위도 가문도 헌 옷처럼 풀어헤치고
맨몸으로 만나자, 만날 때

그릴 그림의 색깔을 미리 정하지도 말고
밑그림도 미리 그려 오지 말자
지난날의 긴 그림자를 제쳐두고
우리 백지에 같이 따듯한 손을 잡고 그려보자
우리의 미래를!
우리의 희망을!
우리의 평화를!
퍼즐처럼 맞추면서 그림을 그려보자
누천 년 대동강 유유히 흐르던 강물처럼 맑고
단군 이래로 부단히 흐르고 있는 한강처럼 영원할
학처럼 단정하고 무명저고리처럼 때 묻지 않을
우리, 우리의 꿈을 그려보자
휴전에서 종전으로 이어질
종전에서 평화로 빛날 그림을!
멀지 않아 지워질 화폭에다 그리지 말고

우리 남북, 우리 북남 하나의 반도 크나큰 반도 한반도가 다시 세계 평화의 시발이 될 평화의 꽃그림을 우리의 가슴 가슴마다에 그려보자

그리하여 다시는 사그라들지 않을 평화, 그 먼동을 틔우자!
우리 힘차게 틔워보자!
그러고 나서 남녘의 그대여, 북녘의 그대여
다시 맨몸으로 만나자!
만나보자! 그대, 우리

김윤현 | 1984년 『분단시대』로 작품 활동 시작. 시집 『들꽃을 엿듣다』, 『지동설』, 『발에 차이는 돌도 경전이다』 등이 있으며, 『사람의 문학』 창간 및 편집위원으로 활동 중이다.

그대여 맨몸으로 오라

남녘의 그대여 맨몸으로 오라 북녘의 그대여
발가숭이로 오라 가진 것 다 내려놓고 발가숭이
맨몸으로 오라 그리하여 우리 다시 만나자
내 것 네 것 다 보따리처럼 내려놓고 만나서 그려보자
우리가 영원히 살 곳 아들들이 축구라도 한판 하며
함께 땀 흘릴 손주들이 고사리손 서로 잡고
소풍이라도 갈 그림을 그려보자

김윤현 詩 그대여 맨몸으로 오라 中
여운 김미옥 쓰다

청산

김윤현

산은 스스로 청산이 될 수는 없다
속 좁은 능선이며 앙칼진 낭떠러지를
마다 않고 다가선 무명의 나무와 풀들이
푸르고 푸르렀을 때
산은 마침내 청산이 되는 것이다
그걸 알고 산은 제 목이 타들어가도
끝끝내 나무와 풀에게 마실 물을 건네는 것이다
외부 사람들이 가만히 놔두기만 해도
한반도에 있는 산이란 산은 다 청산이 될 것이다
쌀밥 같은 평화가 될 것이다

무명의 나무와 풀들이
푸르고 푸르렀을 때
산은 마침내 청산이 되는 것이다

김윤현 詩 청산에서
김성장 쓰다

너에게 가는 길
- 이산가족 헤어지던 날

김재환

물이
호수를 가득 채우고
넘쳐흘렀다

푸른 얼굴들이 마주 보는
대낮의 시간이다

버스 창을 사이에 두고 두드리는
주름살 손과 손의
탁 - 탁…… 턱 - 턱……
잡을 수 없는
투명한 거리
폭포를 이루고 떨어져야만
부서지는 두꺼운
벽이다

소리는 들리지 않고
입만 벙긋거리는
무채색의 통화를 보던 날
호수 아래로
물이 되어 떨어지는
폭포를 생각했다

장엄 세계는
눈물이 아니라
물이 되어
함께 뛰어내리는 것임을

호수가 가득
물이 되어
뛰어내리는 날이
오고 있다

기어이
오고 있다

김재환 | 2001년 『작가정신』으로 작품 활동 시작. 시집 『친구를 잊기 위하여』, 산문집 『사람은 얇고 강은 깊다』가 있다.

푸른 얼굴들이 마주보는
대낮의 시간이다
……
투명한 거리
폭포를 이루고 떨어져야만
부서지는 두꺼운
벽이다

김재환 詩 너에게 가는 길에서
김성장 쓰다

소성리에서

김종인

이 많은 파랑나비들은 어디서 날아왔을까
성주 초전 소성리 달마산에 사드 배치가 발표되고
두 해가 넘도록 사드 배치 철회하라! 외치고 있는,
가슴마다 파란 리본을 단 사람들.

참외농사, 고추농사 짓던 평범한 할아버지, 할머니 농부들
원불교의 성지를 지키려는 사람들의 사무여한(死無餘恨)!
이 땅의 생명과 평화를 사랑하는 사람들이 모여
오직 강 같은 평화만이 이 땅을 구원할 것이니
전쟁을 부르는 사드는 물러가라 외치고 있었네.

소성리는 이제 파랑나비들의 축제마당이 되어 있었네
평화연대, 평화장터, 평화콘서트, 걸개그림, 만장, 평화구호
수많은 파랑나비들의 작은 날갯짓이 모여
세계의 평화로 나아가고 있었네.

한미일 미사일방어망과 삼각군사동맹 구축으로
한미일 대 북중러의 무한 군비 경쟁은 결국,
한반도에 전쟁으로 인한 파멸을 불러올 거라며
온몸으로 파랑나비들이 열변을 토하고 있었네.

이제, 한반도 비핵화도 실현되고, 체제보장과 종전선언, 비무장지대는 생명평화공원이 되고, 남북한 교류 협력, 개성공단 재개, 금강산관광 확대, 이산가족 상시 상봉, 남북한 철로가 연결되면, 기차를 타고 프랑스 파리에도 가는 정말 꿈 같은 날이 오고 있으니, 한시바삐 사드는 물러가라. 그것이 곧 한반도 평화이니,

오늘도 소성리 촛불은 스스로를 태워 어둠을 밝힙니다.
우리들의 자존심, 자부심이 타오르고 있습니다.
수백 개의 촛불이 모여, 수만 개의 촛불로 번져 가면
저들의 가슴도 서늘해지겠지요. 그러니 우리는 스스로
촛불이 되어 타올라야 합니다. 그것이 우리의 희망입니다.
비가 오나 눈이 오나, 그칠 줄을 모르고 타는 촛불은
누구를 태우려고 하는 거대한 들불입니까?
오로지, 푸른 평화만 남고 사드는 가라.
네게 강물 같은 평화가 넘쳐흐르고
사드는 가라.

김종인 | 1983년 『세계의 문학』과 〈분단시대〉 동인으로 작품 활동 시작. 시집 『아이들은 내게 한 송이 꽃이 되라 하네』, 『나무들의 사랑』, 『내 마음의 수평선』, 『희망이란 놈』 등이 있다.

소성리는 이제 파랑나비들의 축제 마당이 되었네
평화ㆍ연대 평화장터 평화ㆍ콘서트 걸개그림 만장
평화ㆍ구호 수많은 파랑나비들의 작은 날갯짓이
모여 세계의 평화로 나아가고 있었네

파랑나비

김종인 詩 소성리에서의
한곳을 쓰다 가서하봉

똥 배

김진경

우리 집 정화조 푸러 온 할아버지
담배 연기를 산발한 백발처럼 흩날리며
예전에 서울의 똥은
지금 환일고가 있는 마포 언덕 절벽에서
아래로 쏟아부었어, 거기가 똥 바다였지.
그 똥이 묵어 적당히 삭으면
제비들이 까맣게 하늘을 덮고 돌아오는 봄
김포 들판을 스치고 오는 바람이 달 때
배로 싣고 마포 나루, 강화도 앞 벽란도 지나
바닷가 따라, 혹은 임진강 따라 거슬러 올라
황해도 과수원에 팔았다네.

그 서울의 똥을 먹고 가을볕에 달게 익은 과일을
서울 사람들이 다시 사 먹었지.
아, 그랬었지 임진강과 한강이 만나는 하구
마포나루로 개성포구로 가는 배들
벽란도에 흥성한 장이 서고
푸짐하게 퍼주는 객줏집 국밥이 끓고
산발한 백발처럼 흩날리는 담배 연기 사이로
마침내 돌아오고 있다.
여기저기 박혀 부시게 햇빛을 반사하는 사금파리처럼
소박맞은 새댁이 헹구는 놋쇠 요강에 쟁쟁한 햇살처럼
춤추는 취발이가, 굳어 있는 세상 밖으로 한 발을 디딘

서화담이 토정이 허균의 홍길동이
그 모든 피 흘리던 이단들이
묶인 땅을 떠나 유령처럼 떠돌던 역사가
마침내 돌아오고 있다.
한강 하구 철조망을 넘어 푸르게 뻗어가는 버드나무 군락처럼
금단의 선을 넘어 마침내 서로를 부둥켜안고
향그러운 흙이 되고 풀이 되고 꽃다지며 민들레가 되고
그 모든 것을 흔들며 불어가는 다디단 바람이 되고
막혔던 길을 뚫고 흐르는 강물이 되어.

김진경 | 1974년 『한국문학』으로 작품 활동 시작. 시집 『갈문리의 아이들』, 『슬픔의 힘』, 소설 『우리들의 아름다운 나라』, 동화 『고양이 학교』, 교육 에세이 『미래로부터의 반란』 등이 있다.

막혔던 길을 뚫고 흐르는 강물이 되어

금단의 선을 넘어
마침내 서로를
부둥켜 안고

향그러운 흙이 되고
풀이 되고
꽃다지 떼 민들레가
되고 그 모든 것을
흔들며 불어가는
따뜻한
바람이 되고

김준경 詩
통배 에서

두근두근

김진경

내 젊은 시절, 비무장지대
엎드려 겨눈 총구의 가늠자 속으로 나타났던 그 노루
오래전 발목지뢰에 다쳤는지 세 발 다리로
기우뚱 기우뚱 다가오다 멈추어 날 응시했지
순간 내 심장이 옮겨가기라도 한 듯
총신을 거머쥔 손바닥에서 심장이 뛰었네, 두근
심장의 고동을 따라 총구가 흔들리고, 두근두근
흔들리는 가늠자 위의 들판과 언덕이 두근두근두근
그 노루는 어떻게 되었을까
여린 새싹 위를 구르는 아침 이슬 속에
문득문득 모습을 보이기도 하고
세월이 지난 뒤 어린 딸의 맑은 눈망울 속에
문득문득 모습을 보이기도 하더니
지금 저기 기우뚱기우뚱 오고 있다
북쪽에서 걸어오는 그이의 등 뒤에, 두근
남쪽에서 걸어오는 그이의 등 뒤에, 두근두근
오랜 세월 그어져 굳어진 선을 넘어, 두근두근두근
부둥켜안는 두 사람의 등 뒤에서, 두근두근두근두근
마침내 두 사람을 하나로 끌어안는 흙 가슴이 되어
두근두근두근두근두근

두근두근

북쪽에서 걸어오는
그이의 등 뒤에
남쪽에서 걸어오는
그이의 등 뒤에
오랜 세월 그어져
굳어진 선을 넘어
부둥켜 안는
두 사람의 등 뒤에서
마침내 두 사람을
하나로 품어 안는
흙 가슴이 되어

김진경 詩 두근두근에서
김정혜 씀

통일밥상

김태철

팔순 넘은 강화누님이
임진강 물 청천강 물, 미리내 물 담아
빠알갛게 우려낸
순무 물김치는 해를 닮았어요

순천 장모님 파랑새처럼 울며 우린
치잣물 양배추김치는 달빛을 닮았지요.

동주염전 괭이부리새 쪼어 먹었다는 퉁퉁마디 소금으로 절인
오이장아찌 맑은 빛은 백두천지 하늘이지요

고향에 있는 사촌 형수가 자산어보 보고 만들어 보냈다는
영암토굴 골콤하게 잘 삭인
토하젓은 영락없는 땅이지요.

호박 지짐에
초승달처럼 잘라 넣은 시린 청양고추는
어찌 이리도 서러울까요

파도가 거세차서
거차도라며
동거차도 기러기 기다리며
울며불며 자맥질해 건졌다는
조개 소리 나는 돌미역국
혀에 감기며 짭조름이
삼키고 나면

눈물인지 미역국인지
허겁지겁
아무렇지도 않게
바라만 보아야 하는
점점 먹빛으로 짙어만 가는 치산이 얼굴
보고 있어도
보고만 있어도
더 그리워지는데

김태철 | 1989년부터 전국대학생문학연합을 만들고, 2003년 『문학마을』에 서사시 「치우(蚩尤)의 노래」로 작품 활동 시작. 시극 「청동단검」을 극작하고 공연하였다. 416교육연구소 소장으로 활동 중이다.

팔순 넘은 강화 누님이
임진강물 청천강물 미리내 물 받아
빠알갛게 우려낸
순무 물김치는 해를 닮았어요.

순천 장모님 파랑새처럼 울며 우린
치잣물 양배추 김치는 달빛을 닮았지요.

동주염전 괭이부리새 쪼아먹었다는 통통마디 소금으로 절인
오이장아찌 맑은 빛은 백두천지 하늘이지요.

고향에 있는 사촌형수가 자산어보 보고 만들어보냈다는
영암토굴 골콤하게 잘 삭인
토하젓은 영락없는 땅이지요.

호박지짐에
초승달처럼 잘라 넣은 시린 청양고추는
어찌 이리도 서러울까요.

파도가 거세차서
거차도라며
동거차도 기러기 기다리며
울며불며 자맥질해 건졌다는
조개 소리 나는 돌미역국
혀에 감기며 짭조름이
삼키고 나면

눈물인지 미역국인지
허겁지겁
아무렇지도 않게
바라만 보아야 하는
점점 먹빛으로 짙어만 가는 치산이 얼굴
보고 있어도
보고만 있어도
더 그리워지는데

김태철 시 `통일밥상'을 소흘 쓰다

폭우가 폭폭 쏟아졌다
―해란강 호텔 접대원 박은해 동무

김태철

그녀를 만난 다음 날 폭우가 푹푹 쏟아졌다
두만강에는
중국공산당 붉은 휘장과 조선로동당 더 붉은 휘장 위로
조중 친선을 확인하는 오성홍기와 인공기가 맵싸하게 휘날렸고
그녀는
똑 소리나는 장철구 상업대학 출신이라 했다
녹색바탕에 흰 글자로
중국 도문관광이라 인쇄된 사진틀 사이로
두만강 푸른 물이 작은 실개천처럼 흐르고
이제는 사공도 없다고
건널 수 없는 저 곳을 건너면 북녘 땅이라고
그녀는 '장군님식솔'이라는 노래를
촉촉하게 잘 부르는 그녀는
내가 학교 선생이라는 사실과 싱어송라이터를 꿈꾸는
내 딸과 함께 왔다는 사실을 알고
해 비친 날 내리는 보슬비처럼
연변 노래인지 조선 노래인지 모를
'아버지의 사랑'이라는 노래를 보슬보슬 불렀다
어린 시절 소년문화궁전에서 드럼을 치고 싶었으나

더 예쁜 동무에게 양보를 하여야 했다고
이랑이랑 눈물을 흘리며 앙가슴을 쥐어뜯기도 하였으나
인민학교 4년 내내 같은 담임 선생님이
개구리 소리처럼 관찰하고 탐구하여
오래되고 3대를 이어왔다는 진한 조선 씨 간장독 냄새처럼
결정한 진로에 은해동무도 그의 부모도 토를 달지 않았고
평양 3중 시절 메마른 고난의 행군을 먼지 맛보며 입술은 터지고
혓바늘 돋은 채로 춥고 서늘하게 맞이했다고 했다
청년거리 건설장에서 언 땅을 호호 녹이며
유경호텔 건설장에서
창광거리 건설장에서
갈마공항 건설장에서
문화선동대를 하다 가을 서리보다도 차갑지만
뜨거운 당세포동지의 추천으로
충실성 높은 항일여성영웅인 작식대원 장철구의 이름을 딴
장철구 상업대학에 입학해
꾸냥 같은 중국어를 배우고
영어를 배우고 러시아어 시험도 통과하여
우수한 성적으로 졸업을 하고 대학당 세포회의에서

영광스러운 조선 로동당원 서약과 강령 앞에 굳게 맹세를 하고
당 총화회의 결과 붉은 심장이 인정되어 최전선으로
파견을 나왔다는
폭우가 푹푹 내리기 전 해란강 호텔에는
판문점선언도 판문각회담도 싱가포르 조미회담도 종전선언도
전쟁시절 만들어졌다는 소설 '불타는 섬'을 영화로 만든
예술영화 '월미도'의 주제곡인
은해 동무의 '나는 나는 알았네' 선율을 따라
마음 한 켠 메마른 그늘도 가슴도
광화문광장의 촛불 바다에서 5.1광장의 횃불의 바다까지
신 커피 맛처럼 평화롭게
이광웅 선생님의 목소리를 숨죽인 목소리로 잘 따라부르는
두규 형의 절절한 노랫소리도
따라 녹아 흘렀다

그녀를 만난 다음 날 폭우가 푹푹 쏟아졌다

폭우가 폭폭 쏟아졌다

해란강 호텔 접대원은 박은해 동무

그녀는 장군님 식솔이라는 노래를
촉촉하게 잘 부르는 그녀는 내가 학교
선생이라는 사실과 싱어송 라이터를
꿈꾸는 내 딸과 함께 왔다는 사실을 알고
해 비친 날 내리는 보슬비처럼
연변 노래인지 조선 노래인지 모를
아버지의 사랑이라는 노래를 보슬보슬
불렀다

김태철 詩 폭우가 폭폭 쏟아졌다

김현자 붓

고향을 떠나는 사람들 1959
– 이쾌대를 위하여

김태철

머리 위에 보따리 이고
고개는 젖혀져
씽씽하며 엄마 젖 냄새 찾는 젖먹이 들쳐 업고
어딜 바라보시나
그니여

시디신 연분홍 살색 살구꽃 폴폴
동백꽃 한 점 깔고 뒷동산에 누운
구부러져 늙게 헐벗은 소나무는
백먹 가루처럼 메말라
풀풀 송홧가루 날리는데
그래도
단정한 조선화 소리는
울울창창하고

렘브란트가 상상하고 말았다는 말풍선 유화의 눈은 어느새
소쩍새 울음처럼
과분한 욕망을 버리고
침착한 사내를 바라본다
테 짧고 들어가지도 않는 페도라 모자
뉘엿이 걸쳐 쓰고
얽히고설킨 봇짐 동여맨 손아귀
거친 손아귀

애써 고향별 외면하는
거역의 눈빛은
앵돗빛 고향 못 잊어 하는
그니를
못마땅해하면서도
애잔히 바라보나니
푸른 하늘은
촉촉하니 젖은 눈빛이어니

고향을 떠나는 사람들 1959년

이쾌대를 위하여

가려신 연분홍
살구꽃 풀풀 동백꽃
한 점 깔고 뒷동산에
누운 구부러져 늙게
헐벗은 소나무는 백묵
가루처럼 메말라
풀풀 송화 가루 날리는데,
그래도 단정한 조선혼의 소리는 울울창창하고

김태철 詩 김성장 쓴

어머니의 틀니

나종입

도보다리 위에서
이웃들의 담소같이 잠깐 나누던 사내들의 대화에는
억겁의 사연이 숨어 있었다
화석처럼 굳어버린 칼금 위에
정지 동작 몇 컷을 이은 것 같은
어색하게 넘어갔다 넘어온 세월
지난날 환영과 겹쳐서 진다
자지러지게 울던 처자식에게
오욕된 삶을 살지 말자고
내리치던 칼날에 싸울아비 사내 모습이 섞여 있었다.

나종입 | 월간 『한국시』에 시, 계간 『세계의 문학』에 소설 신인상으로 작품 활동 시작. 시집 『어머니의 언어』 외 2권이 있으며, 완도 약산고등학교 교사이면서 백호문학회 회장으로 활동 중이다.

틀니도 위아래 아귀가 맞아야 한다고
윗니와 아랫니가 틀어지면
사단이 나도 단단히 사단이 난다던
어머니의 틀니
누가 맞추었던 틀니인가
누가 윗동네와 아랫동네 한동네를
맞지 않은 고장 난 틀니로 끼워 놓았을까
금 그은 건 잠깐이지만
그 틀니를 맞추는 것은
이다지 시간이 걸리고 있었다.

도봉다리 위에서
이웃들의 담소같이
잠깐 나누던
사내들의 대화에는
억겁의 사연이 숨어 있었다.

나종입 詩 어머니의 틀니에서 김성장 쓰다

떠도는 혼(魂)

나종입

삼팔따라지가 뭔지도 몰랐을 때부터
고모부의 별명은 삼팔따라지
우리 집 머슴으로 들어와
선한 황소 눈망울로 밭을 갈고, 논 매
고모와 인연을 맺어
사촌들 대학바라지 뼈 빠지게 하던
퉁방울의 삼팔따라지 고모부
장산곶 매 이야기만 나오면
두 눈에 광선이 쏘아 나오는 것처럼
두 어깨 으쓱이며 침을 튀기던
그러나 꿈에라도 가보고 싶다던
고향 땅을 가지 못하고 어떻게 눈을 감으셨을까.

우리 형제가 싸우기라도 하면
일본 놈 앞잡이보다 더 나쁜 놈이라고
사촌과 나는 함께 혼이 났다
형제끼리 싸우는 것은
양코배기나 때국놈과
일본놈 놀음에 놀아나는 것이라고 혼내던
고모부의 혼이 황해도 어디쯤
매의 눈으로 맴돌고 있을까
죽어서라도 고향 가리
무주고혼이 되어서도 고향 가리
고향을 가고야 말겠다던 그 형형한 눈빛을
어찌 감추고 두 눈을 감으셨을까.

삼팔따라지가 뭔지도 몰랐을 때부터
고모부의 별명은 삼팔따라지
우리집 머슴으로 들어와
선한 황소 눈망울로 밭을 갈고 논 매
고모와 인연을 맺어
사촌들 대학 바라지 뼈 빠지게 하던
퉁방울의 삼팔따라지 고모부
장산곶 매 이야기만 나오면
두 눈에 광선이 쏘아 나오는 것처럼
두 어깨 으쓱이며 침을 튀기던
그러나 꿈에라도 가보고 싶다던
고향 땅을 가지 못하고 어떻게 눈감으셨을까

우리 형제가 싸우기라도 하면
일본놈 앞잡이보다 더 나쁜 놈이라고
사촌과 나는 함께 혼이 났다
형제끼리 싸우는 것은
양코배기나 떼국놈과
일본놈 놀음에 놀아나는 것이라고 혼내던
고모부의 혼이 황해도 어디쯤
매의 눈으로 맴돌고 있을까
죽어서라도 고향 가리
무주고혼이 되어서도 고향 가리
고향을 가고야 말겠다던 그 형형한 눈빛을
어찌 감추고 두 눈을 감으셨을까

나종영 詩 떠도는 魂

김성장 붓

볼음도 은행나무 사연

민태홍

강화도 외포항에서 배를 타면
그야말로 서해 끝, 저기 연백이 한 눈에 뵈는 섬
'아차' 하면 '보름' 동안 머물 수밖에 없다던
아차도 지나 볼음도에는
은행나무 한 그루 북녘 땅 바라보며 서 있다.
그 옛날 암나무 나란히 꽃가루에 취해 있던
황해도에 큰물 나던 해부터
용케도 볼음도 바닷가에서 홀아비로 버틴
8백년 세월은 기다림뿐이었다
애틋한 사연 아는 두 마을 사람들마저 스러지고
그리움은 남아 차곡차곡 나이테로 새겼다.
이제 견우 직녀 만나는 칠월칠석에
북녘의 제 짝 사진 한 장 만났단다.
꿈에나 합환하고 운우지정 마음껏 누렸으면.

민태홍 | 안산 경안고등학교 국어 교사이며, 안산시흥국어교사모임 '열정' 회장으로 활동하고 있다.

볼음도 은행나무 사연

강화도 외포항에서
배를 타면 그야말로 서해끝,
저기 연백이 한눈에 뵈는 섬
'아차' 하면 '보름'동안 머물수 밖에
없다던 아차도 지나 볼음도에는
은행나무 한그루 북녘땅 바라보며
서있다. 그 옛날 암나무 나란히
꽃가루에 취해 있던 황해도에 큰물나던
해부터 용케도 볼음도 바닷가에서
홀아비로 버틴 8백년 세월은 기다림
뿐이였다. 애틋한 사연 아는듯 마을
사람들마저 스러지고 그리움은 남아
차곡차곡 나이테로 새겼다.
이제 견우직녀 만나는 칠월칠석에
북녘의 제짝 사진 한장 만났단다.
꿈에나 합환하고 운우지정 마음껏
누렸으면. 戊戌夏 민태홍 詩 두예 쓰다.

연미정*(燕尾亭)에서

민태홍

갈매기 한 마리 물 위로 날고
한강 입구 인적 끊긴 섬 하나 떠 있다.
저기 윗녘 아랫녘 조강마을 두고
이곳에서 염하와 서해로 갈라지는 연미정

저기 마포나루나 임진나루 쯤에서
돛배라도 타면 썰물에 유유히 여기에 이르러
세곡선 한양 가기 전 밀물 기다려 쉬는 이와 만나
흥성스러이 막걸리 잔이나 기울이던 그때의 한정(閑情)

돛배 아니어도 세곡선 아니어도
유람선 위로 갈매기 나는 그림이 완성되는 그날
남녘 배, 북녘 배 이곳에서 만나
함께 달맞이 하는 날 그려본다.

* 한강과 임진강이 합류하는 지점에 있는데 강화해협으로 흘러가는 물길 모양이 마치 제비꼬리와 같다 하여 제비 '연(燕)', 꼬리 '미(尾)'자를 써서 정자 이름을 연미정이라 지었다고 한다.

돛배 아니어도 세곡선 아니어도
유람선 위로 갈매기 나는 그림이
완성되는 그날
남녘배 북녘배 이곳에서 만나
함께 달맞이하는 날 그려본다.

민태홍 詩 연미정에서 의
한곳을 밝은솔 쓰다

상상 – 기막힌 사업

민태흥

내게 기가 막히게 좋은 생각 하나 있으니 들어볼 텐가

태풍에 다 떨어지고 용케 매달린 사과 몇 알, 그 놈을 '태풍도 이긴 사과'라고 얘기 덧씌워 대박쳤다는 일본의 어느 농부 이야기처럼 삼팔선 아니 디에므제트 철책선, 이젠 녹슬고 통한의 더께 앉아 고철로 팔아도 시원찮을 철조망, 그걸 보고 있자니 이런 생각이 들더라고.

그 녹슨 철조망 가시 하나 길쭉하게

꼭 이런 모양으로 한 토막씩, 잘 드는 펜치로 이 앙다물고 원한을 끊어 내듯 아주 신나게 똑똑 끊어서 이쁘게 조그만 종이 상자에 담고

그 아래 이게 휴전선 어디쯤 철조망이라고 그럴듯한 증명서도 넣고

그리고는 세상에서 마지막 남아있던 분단의 흔적이라고 그럴듯하게 이야기도 달아서 팔면 대박도 그런 대박이 없을 사업.

그러면 우리도 미국 사람도 중국 사람도 러시아 사람도 일본 사람도 이 녹슨 철조망 한 조각이 부모와 자식, 사람과 사람을 얼마나 아프게 했는지 기억할 테지.

일백오십오 마일에다가 이중 삼중으로 쳐 놓은 철조망이니 어쩌면 여러 나라 박물관에 보내고도 남으면 쇳물 펄펄 끓는 용광로에 냅다 던져 넣고 원한이며 눈물이며 한숨이며 다 녹여내어 고라니며 멧돼지만 드나들던 비무장지대, 그곳에 '생명과 평화의 터'라고 번듯한 팻말 하나 세우는 기막힌 상상.

이젠 녹슬고 통한의 더께 앉아
고철로 팔아도 시원찮을 철조망
그 앞에 남북 주민 줄 느런히
서서는 그 녹슨 철조망 한
토막씩 아주 신나게 똑똑
끊어서 휴전선 어디쯤 철조
망이라고 그럴듯한
증명서도 넣어 팔면
대박도 그런 대박이 없을
사업

민태홍 詩
상상-기막힌 사업 에서

김성장 쓰다

그대 모시는 날
—평화

박두규

계곡 때죽나무에 주렁주렁 매달린 저 착한 것들

그래, 눈부신 오늘

누가 먼저 떨어질까?

내가 먼저, 내가 먼저

종일토록 떨어지는 애기 손가락 같은 꽃들

강에선 슬픔도 없이 잉어가 뛰고

그대 모시는 날

별이 돋는, 그 오랜 초저녁에 이르도록

내가 먼저, 내가 먼저

박두규 | 1985년 『남민시(南民詩)』 동인으로 작품 활동 시작. 시집 『사과꽃 편지』, 『당몰샘』, 『숲에 들다』, 『두텁나루숲, 그대』와 산문집 『生을 버티게 하는 문장들』 등이 있다.

평화

계곡 때죽나무에 주렁주렁 매달린 저 착한 것들
그대 눈부신 오늘 누가 먼저 떨어질까
내가 먼저 내가 먼저
종일토록 떨어지는 애기 손가락 같은 꽃들
강에선 슬픔도 없이 잉어가 뛰고
그대 모시는 날
별이 돋는 그 오랜 초저녁에 이르도록
내가 먼저 내가 먼저

박두규 詩 그대 모시는 날
달빛 박현숙 쓰다

이 문제 맞히는 사람 소원 들어주기

박두규

애들아, 이런 문제 한번 맞혀 볼래?
어떤 사람은 하얀 비둘기 떼 날아오르고
잔디밭에서는 엄마와 아이가 까르르 웃고 노는
그런 거라고도 말하지. 하지만 그런 것만은 아냐.
나라와 나라 사이, 경상도와 전라도 사이
너와 나 사이, 결국은 사람과 사람 사이에 있는 것이지.

그것은 욕심을 내면 멀어지는 것이고
서로의 마음이 진실할 때만 안개처럼 스며드는 거지.
그래, 엄마가 너를 있는 그대로 이해해 주고
네가 지친 엄마의 마음을 위로해 줄 때
그 사이에 청량한 바다처럼 그것이 있지.
그것은 오란다고 해서 오고
가란다고 해서 가는 그런 건 아냐.
그것은 사람과 사람 사이에 있지.
언제나 네 곁에 있는데도 네가 모르는 거야.
우리가 사람의 참모습으로만 살아도
아주 자연스럽게 자기 안에 생기는 것이거든.

말하자면 서울에서 해가 뜰 때
부에노스아이레스에서 해가 지고
요란스러운 라스베이거스 반대쪽에는
인도양의 고적함이 있듯이
이 지구별의 대칭점에 있는 그 어느 무엇과
적절한 균형을 이루게 하는 그런 것이야.
어렵니? 어렵다고 생각하지 않고
쉽다고 긍정적으로 생각하는 것이 또 그것이지.
그건 살아 있는 생물(生物) 같은 것이야.
결정적인 힌트를 하나 준다면
세상이 그것을 원한다면
네가 먼저 그것이 되어야 하는 그런 거야.
이게 뭘까? 이거 맞히는 사람에게
우리 모두 소원 하나씩 들어줘야 하는 문제야.

그것은 오란다고 해서 오고
가란다고 해서 가는 그런건 아냐
그것은 사람과 사람 사이에 있지
언제나 네곁에 있는데도
네가 모르는거야

박두진 詩 이문제 맞추는 사람
소원 들어주기

나무 가석장 붓

바람 모시기

박일환

선풍기 바람을 조절하는 단추는
미풍, 약풍, 강풍 세 개뿐
내가 바라는 바람은 그런 게 아니니
제대로 된 바람 모시러 가자

바람은 불어야 바람인 것
역풍만 불던 시절도 있었지만
훈풍이 불어온다는 소식
당신 귀에도 닿았던가

바람은 이루어져야 바람인 것
내가 바라고 또 바라는 건
미풍도 약풍도 강풍도 아닌
훈풍이 넘실대는 것

비무장지대 155마일
이쪽에서 저쪽으로
저쪽에서 이쪽으로
훈풍이 실어 온 꽃가루에 눈멀어버리는 것!

박일환 | 1997년 『내일을 여는 작가』로 작품 활동 시작. 시집 『지는 싸움』, 『덮지 못한 출석부』, 장편소설 『바다로 간 별들』, 시 해설집 『진달래꽃에 갇힌 김소월 구하기』 등이 있다.

바람은 이루어져야 바람인 것
내가 바라고 또 바라는 건
미풍도 약풍도 강풍도 아닌
훈풍이 넘실대는 것

비무장지대 155마일
이쪽에서 저쪽으로
저쪽에서 이쪽으로
훈풍이 실어온 꽃가루에
눈멀어버리는 것

박일환 詩 바람 모시기 에서
김성장 쓰다

휴전선

박일환

골목길에서 흘레붙던
누렁이 두 놈을 향해 끼얹던
찬물 한 바가지

그런 골목길 풍경 아련한 지금

흘레도 못 붙는 것들이 있다면
냅다 끼얹고 싶은
찬물 한 바가지

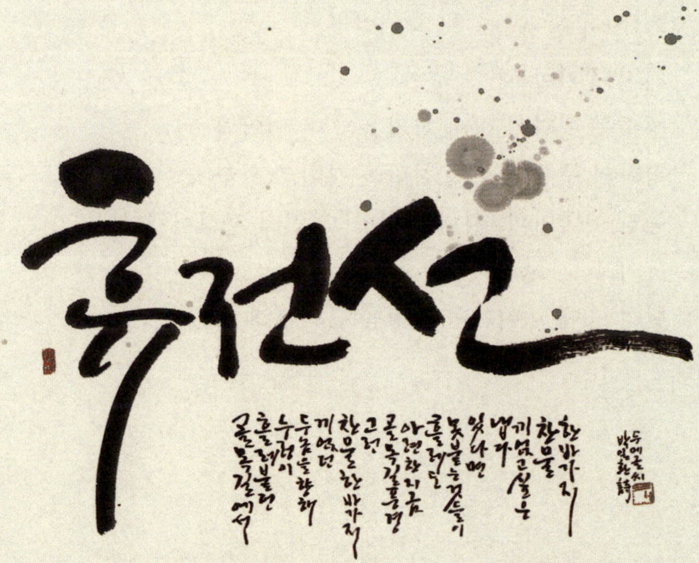
휴전선
한 바가지
찬물
끼얹고 싶은
날이다
있다면
꽃붙는 것들이
흘레도
아련한 지금
골목길 풍경
그런
찬물 한 바가지
끼얹던
두 눈을 향해
누렁이
흘레붙던
골목길에서
두예호씨
박영환 詩

성주 촛불 일기, 출간기념회

배창환

『성주가 평화다』
시집 출판할 때
성주는 평화의 바다 한가운데 떠 있었다.
평화의 푸른 나비가 사람들 사이로 훨훨 날아다녔다
용암 아줌마의 '처녀 뱃사공'도 인기 절정이었다
– 이모, 사랑합니다.
환성 속에 내려가던 발걸음도 가뿐해 보였다.

김충환 투쟁위원장이
성주 투쟁 365일의 기록 『성주 촛불일기』를
이순신의 난중일기처럼 낸 지금
아직도 세상은 전란 중이었다.
－사드 가고 평화 오라!
타는 외침에도
사드는 왔고
평화는 멀어 보였다.

마침내 삶이 투쟁이고, 투쟁이 삶이 된 사람들,
그 많은 시간 손잡고 웃으며 건너온 동지(同志)들이
김남주 시인의 '함께 가자 우리'를 함께 부르며
성주가 평화고, 스스로가 평화였다,
손짓 발짓 몸짓이 모두 평화였다

행사 끝나고 어둑해진 푸른 나비 광장에서
누군가 날라 온 막걸리와 꿀밤묵, 파전을 나누어 먹는
넉넉하고 아름다운 이 잔치의 시간 또한
훌륭한 투쟁임을, 모두가 알고 있었다
사람과 기록을 남기는 싸움, 누가 뭐래도
싸움은 이미, 이기고 있었다

배창환 | 1981년 『세계의 문학』을 통해 작품 활동 시작. 시집 『겨울 가야산』과 시선집 『서문시장 돼지고기 선술집』을 비롯해 『이 좋은 시 공부』, 학생들의 시와 수필 창작집을 여러 권 엮어냈다.

성주가 평화다

마침내 삶이 투쟁이고 투쟁이 삶이
된 사람들 그 많은 시간
손잡고 웃으며
건너온 동지同志들이
김남주 시인의 함께 가자 우리를
함께 부르며 성주가 평화고 스스로가 평화였다
손짓 발짓 몸짓이 모두 평화였다

배창환 詩 성주 촛불 일기 출간 기념회에서
가비강 붓

우리 고모

송언

차마 설운 길 떠나며 우셨네.
우시며 떠나기 얼마 전
밤마다 꿈결마다 겨끔내기로
두 남편 들이닥쳐 오매불망하더라고…….
첫 남편 6·25동란 때
경기 고양군 인민위원회 완장 차고 활개 치다가
9·28수복 되자 어린 새끼 하나 내팽개치고
북으로 올라간 뒤 소식 돈절하였고,

인민군 반공포로석방 때 남에 정착한 새 남자 만나
아들은 실패하고 딸만 연달아 셋을 낳아 키웠다.
이러구러 세월은 강물처럼 흐르고
새 남편 오랜 암 투병 끝에 이승 떠나신 뒤
두 남편 저승에서 수시로 티격태격 꿈자리 마냥 혼미하야
용하다는 삽다리 무당 찾아가 하소연하였더니
남과 북이 쉽사리 화해가 되겠는가
이념과 사상이 저승에선들 곧바로 두 손 잡겠는가

산 사람은 산 사람대로 정성 다해보는 수밖에.
하여 갖은 정성으로 푸닥거리하고는 얼마 뒤
그마저 마음 놓이지 않았던지
우리 고모, 총총히 먼 길 떠나셨네.
저승 가서 난감한 일 잘 갈무리하셨는지
저승 화해 이승 평화 꽃피울는지…….

송 언 | 1978년 〈강원일보〉 신춘문예 시, 1982년 〈중앙일보〉 신춘문예 소설 당선으로 작품 활동 시작. 동화책 『마법사 똥맨』, 『김구천구백이』, 『축 졸업 송언초등학교』 등이 있다.

저승화해 이승평화

새
남편
오랜 암투병 끝에
이승 떠나신 뒤
두 남편 저승에서
수시로 티격태격 꿈자리
마냥 혼미하야 용하다는
삽다리 무당 찾아가
하소연하였더니 남과 북이
숩사리 화해가 되겠는가
이념과 사상이 저승에선
곧바로 두손 잡겠는가 둘
산사람은 산사람대로
정성 다해
보는 수 밖에

송연詩

우리
고꼬에서

나무
김성장 붓

화해 - 관세음보살

송언

세상 등지고 여러 해인데
용준이 형님 생시인 듯 생생하게
내 꿈자리로 들어오시네.
이승에 머물 때 그렇게도 사이가 멀어
허구한 날 형수님과 삐걱거리고
집에 들어가는 것조차 꺼려
자정 무렵까지 술잔 뒤집곤 했는데
이것이 웬일일까.
형님과 형수님 오리처럼 다정하시네.
저물녘 노을처럼 화평하시네.
저토록 서로 아껴주는 사이였던가.
마음 한 자리 탁 뒤집어놓으면
벌어진 사람 사이 별거 아니라는 듯이
이승과 저승 차이 또렷이 밝혀 주려던 걸까.
이쪽과 저쪽도 그리 먼 거리 아니라는 듯이
용준이 형님 바람처럼
내 꿈 밖으로 사라져버린 뒤
나도 모르게 입이 열리며 읊조린 독경
화해 - 관세음보살…….

화해

관세음보살

형님과 형수님 오리처럼 다정하시네
저물녘 노을처럼 화평하시네
저토록 아껴주던 사이였던가
마음 한자리 탁 뒤집어 놓으면
보일거고 사람사이 별거 아니라는듯이
이승과 저승 차이 도랑것이 밝혀주려던 걸까
이쪽도 저쪽도 그리 먼 거리 아니라는듯이

송연 詩 화해-관세음보살에서

초아 추선이 쓰다

이질풀

신경섭

야생화 중에
설사를 멈추게 하는 꽃 있지

분홍 하양 꽃빛은 달라도, 서로
다섯 손가락 닮은 잎맥 모두 이질풀이라 부르지

휴전선! 250킬로미터 꽃씨는 날아
꽃들은 계절 따라 피고 지지

남북으로 갈라져 있어도
평화를 바라는 마음은 시들지 않은 한 송이 꽃이지

개똥 같은 이름이면 어때?
몸의 털 쭈볏 일어서는 긴장과 초조 탈을 없애면 그걸로 족하지

그대가 힘주고 할 말을 해도 아무 걱정 없는 세상
싱그러운 잎맥 그걸로 벅차지

신경섭 | 1993년부터 충남교사문학회에서 작품 활동을 시작했으며, 충남 예산여자고등학교에서 근무 중이다.

야생화 중에
설사를 멈추게 하는 꽃 있지
분홍 하양 꽃빛은 달라도 서로
다섯 손가락 닮은 잎맥 모두 이질풀이라
부르지
휴전선 이백오십 킬로미터 꽃씨는 날아
꽃들은 계절 따라 피고 지지
남북으로 갈라져 있어도
평화를 바라는 마음은
시들지 않은 한 송이 꽃이지
개똥 같은 이름이면 어때
몸의 털 쭈뼛 일어서는 긴장과 초조
탈을 없애면 그걸로 족하지
그대가 힘주고 할 말을 해도
아무 걱정 없는 세상
싱그러운 잎맥 그걸로 벅차지

신경섭 詩 이질풀

김성장 붓

평화의 숲

신경섭

평화 뒤에 나무, 꽃, 바다, 노래도 좋지만
난 숲도 좋아

나무와 나무, 풀과 풀, 날짐승과 들짐승, 벌레와 벌나비가 어우러져
멀리선 숲이란 이름으로, 그 속에선 각자의 이름으로 사는
평화의 숲 말이야

죽은 것은 기꺼이 산 것의 밑거름이 되고
산 것은 제 명만큼 자라다 죽은 것의 뒤를 따라 돌아가는 곳
숲은 뭇 생명이 보금자리를 튼 하늘 아래 최고(最高)의 자리
삼라만상의 촘촘한 그물 속엔
하늘빛과 비바람과 땅과 물의 성긴 길이 있지
하늘을 열려고 산에 오른 사람들이 끝내 다다라 누운 곳이지

평화의 나무, 평화의 꽃, 평화의 바다, 평화의 노래도 좋지만
난, 평화의 숲도 좋아

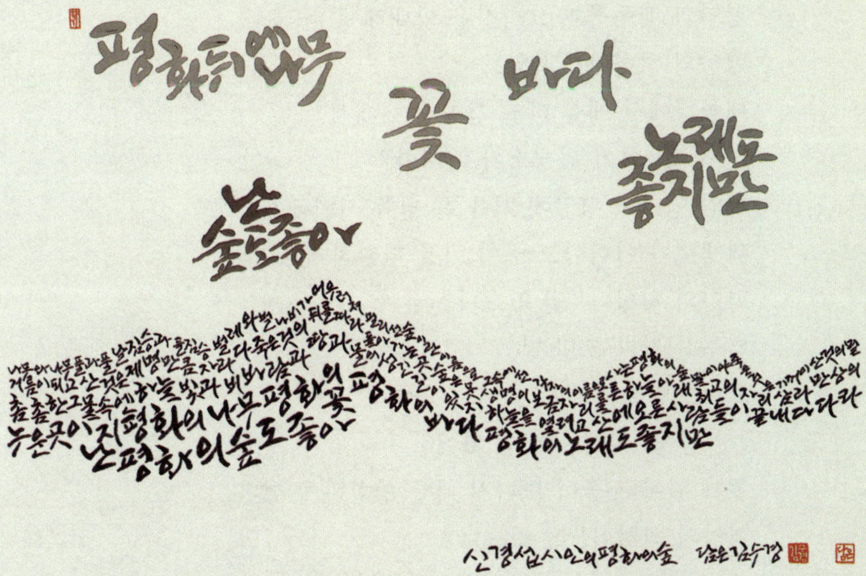

평화의 나무 꽃 바다 노래도 좋지만
난 숲도 좋아
신경섭 시인의 평화의 숲 담운 김수경

평양의 희철아! 잘 있느냐?

신현수

평양과 백두산과 묘향산을 안내해 주던
평양의 희철아! 잘 있느냐?
대동강에서 배를 타고 간 만경대에서
신 선생! 여기 위생소가 어디야?
평양 인민이 평양에 처음 온 남쪽 시민에게
위생소가 어디냐고 물어 나를 당황하게 했던
평양의 희철아! 잘 있느냐?
백두산 갔다 오던 날,
고려호텔로 돌아오는 버스 속에서
"신 선생! 여기 어디쯤 왔어?"
졸다 일어나 물어 또다시 나를 당황하게 했던
평양의 희철아! 잘 있느냐?

순안공항에서 헤어질 때
내게 눈물을 보이지 않으려고
일부러 사람들 뒤로 숨었던
평양의 히철아! 잘 있느냐?
고작 일주일 함께 지냈지만
나를 평양에서 오래 같이 살아온
선배나 형쯤으로 생각했던
평양의 히철아! 잘 있느냐?
피도 섞지 않은 네가 이렇게 보고 싶은데,
고작 일주일 맺은 인연도
고작 17년 세월도 이렇게 그리운데,
배 아파 낳은 아들과 딸

한 피를 나눈 형제와 자매는 얼마나 더 그리움에 사무치겠느냐?
두 살 때 헤어진 아들을 북쪽에 둔
남쪽의 할아버지가 살아온 그동안의 70년 세월은
사람이 살아온 세월이었겠느냐?
북쪽의 두 딸과 떨어져 사는 남쪽의 엄마
남쪽의 큰오빠와 떨어져 사는 북쪽의 두 여동생
북쪽의 동생과 떨어져 사는 남쪽의 언니
남쪽의 형과 떨어져 사는 북쪽의 동생
무려 5만 6천여 명이 넘는 가족들이
남과 북으로 떨어져 사는 한반도는,
통일되기 전 한반도는,
부끄러워 고개조차 들 수 없는
미개한 나라 아니겠느냐?

신현수 | 1985년 『시와 의식』을 통해 작품 활동 시작. 시집 『서산 가는 길』, 『처음처럼』, 『시간은 사랑이 지나가게 만든다더니』, 『인천에 살기 위하여』, 시전집 『신현수 시집(1989-2004)』(상, 하) 등이 있다.

평양의 희철아 잘있느냐

순안공항에서 헤어질때
내게 눈물 보이지 않으려고
일부러 사람들 뒤로 숨었던
평양의 희철아 잘있느냐
고작 일주일 함께 지냈지만
나를 평양에서 오래 같이 살아온 선배나
형쯤으로 생각했던 평양의 희철아
잘있느냐 피도 섞이지 않은 네가
이렇게 보고싶은데 고작 일주일 맺은
인연도 고작 17년 세월도 이렇게
그리운데

신현수 詩 평양의 희철아 잘있느냐 에서
김성장 붓

불어라 평화 바람

유동걸

반도 전역에 훈풍이 불어옵니다.

남녘땅 한라와 빛고을 지리산
동해와 설악에 바람이 불어옵니다.
북녘땅 백두와 마식령과 원산
개마고원에도 평양에도 금강산과 개성에도 바람이 불어옵니다.

한라의 봄바람이 살짝 몸을 뒤틀면
백두의 가을바람이 묵직하게 대답합니다.
평양에 남녘 바람 따라 봄이 왔고
곧 서울에 북녘 바람 따라 가을이 옵니다
멀리 아메리카에서도 전쟁을 종식하고
평화와 수교를 기원하는 미풍(美風)이 불어옵니다.

대지에 뿌리를 내리는 나무의 두 팔을 감싸옵니다.
잔잔한 촛불이 타올라 멀리 불씨를 퍼뜨리며 불어옵니다.
대지에 사는 생명의 기운을 북돋우며 온누리를 휘감아 불어옵니다
녹슬고 굳고 단단한 철조망을 봄눈처럼 스르르 녹이며 불어옵니다.
연평에서 동해까지 깊고 차가운 바다 위에도 어김없이 평화의 바람이 불어옵니다.

하늘에서 부는 바람이 사람들의 마음을 흔들어 놓습니다.

아, 이제 평화가 오는구나
아, 우리도 통일의 새날을 보는구나
더 이상 전쟁과 미움 없는 세상에서
손과 손 맞잡고 평화의 어깨춤을 추는구나.

아, 우리도 바람이 되어야 하는구나.
내가 먼저 평화의 바람이 되어 어디든지 불어가야 하는구나.
끝내 모두가 같이 품어야 할 저 평등과 평화의 땅
그 땅의 아름다운 사람으로 새로 태어나는구나.
평화의 바람이 일깨운 통일의 날
바로 오늘이구나.

유동걸 | 2003년 전교조 통일위 활동을 계기로 평화와 통일에 눈을 떴다. 『토론의 전사1~3』, 『질문이 있는 교실』, 『헤르메스적 글쓰기』, 『미래 학교와 무지한 스승』 등의 책을 냈다.

전쟁과 미움 없는 세상에서
손과 손 맞잡고 평화의 어깨춤을

유동걸 詩 불어라· 평화·바람에서 한곳을 쓰다· 가비장복

고무줄놀이

윤지형

남쪽 동네 한 사내와 북쪽 동네 한 사내가 만나 두 동네 사이 5센티로 솟은 담을 잠깐 넘어갔다 왔다 한 게 역사적 사건이라며 온 지구가 왁자하니 시끄러웠던 그런 봄날이 있었다. 우습지 않나. 비무장지대 종달새는 태곳적부터 우스웠다. 왜 저러고들 살까. 넘어갔다 왔다 그런 놀이라면 어릴 적 우리 동네 아홉 살 순이가 젤로 잘했다. 기찻길 옆 오막살이 아기 아기 잘도 잔다, 칙-폭 칙칙폭폭 노래만 불러 주면 높디높은 깜장 고무줄 잘도 넘어갔다 왔다 했다. 해만 뜨면 그랬다. 해 질 무렵이면 순이야 밥 묵어라 오매는 순이를 부르는 것인데, 또 다른 순이 둘이 양쪽에서 꼭 쥐고 있던 고무줄 탁 놓으니 거기엔 이쪽도 저쪽도 없고, 그러니 왔다 갔다 할 일도 없고, 남도 북도, 무장지대도 비무장지대도 없어서 평화라는 한 물건조차 사라진 이상한 세상, 지금 여기서도 참 환하고 환하구나.

윤지형 | 1997년 〈부산일보〉 신춘문예 입선. 장편소설 『예수, 모란여고에 부임하다』와 『선생님과 함께 읽는 이상』, 『윤지형의 교사 탐구 1 · 2 · 3』 등을 펴냈다. 부산 해강고등학교에서 국어 교사로 근무 중이다.

해질무렵이면 순이야 밥묵어라 오매는 순이를 부르는 것인데
또다른 순이들이 양쪽에서 꼭 쥐고 있던 고무줄 탁 놓으니 거기엔
이쪽도 저쪽도 없고 그러니 왔다 갔다 할 일도 없고 남도 북도
무장지대도 비무장지대도 없어서 평화라는 한 물건조차 사라진
이상한 세상 지금 여기서도 참 환하고 환하구나

윤지형 詩 고무줄놀이 에서 한곳을 쓰다. 나무 가내강복

소원이 뭐냐 물으면

이권주

선생님의 소원이 뭐냐 조심스레 묻던
야학 시절의 늦깎이 제자 목소리가 추억처럼
한여름 교실문을 시원스레 열었다

백두산중학교 병사봉 분교에서
외로움을 가르치는 것이라고 대답하자
할머니가 되더라도 대학에 다녀보는 거라 했다
남의집살이 가정부로 일하던 그녀의 소원은 그랬다

고등학교 졸업이 배움의 끝이긴 했지만
좋은 사람 만나 사랑하고 아들 딸 낳아
두 남매 키우면서 소원을 이루었단다
딸은 잘 자라 멋진 국어교사가 되었고
아들은 효자 노릇하기에도 바쁘단다

38년 세월이 흐른 지금
소원이 뭐냐 다시 내게 묻는다면
평화협정 앞둔 남북 화해 분위기 타고
휴전선 넘어 수학여행 가는 거라 말하리라
천지(天池)를 내려다보는 뭉클함만큼이나
가슴 떨리는 순간을 맞는 거라 말하리라
여명(黎明)의 하늘 땅이 밝아오듯 그렇게
평화와 감동 슬그머니 찾아오는 날

늦깎이 제자의 지금 소원은 무엇일까?
교실문 열었던 그녀 목소리를 보고 싶다
사랑하며 살았다는 그 추억을 읽고 싶다

이권주 | 1993년부터 극단 '형영'에서 활동하였다. 선주문학회와 구미낭송가협회 회원이며, 상주 화령중고에서 진로진학 상담 교사로 근무 중이다.

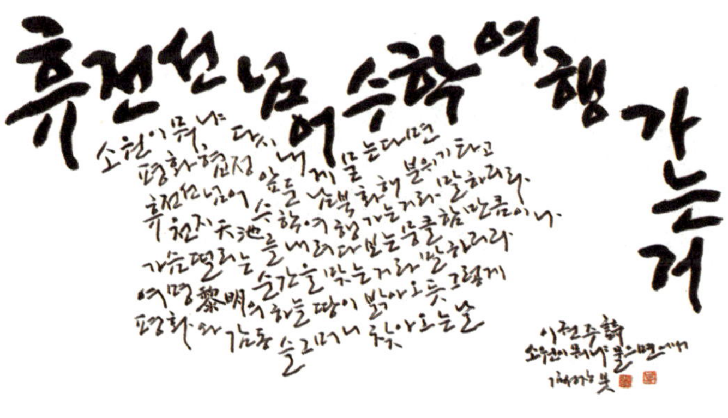
휴전선 넘어 수학여행 가는 거
소원이 뭐냐고 다시 내게 묻는다면

햇살 아래 강물 곁에서

이봉환

시작도
밑도 끝도 없이
강물이 흐른다
느릿느릿

언제부터였을까
참 애쓰고
애쓴다

"이게 어디 보통 일인가요"
햇살 아래 강물 곁에서
도법스님 하신 이 말씀

세 발 걷고
절 한 번
흐르다가 엎드렸다가
느릿느릿

어디 이게 보통 일인가요

이봉환 | 1988년 『녹두꽃』에 「해창만 물바다」를 발표하며 작품 활동 시작. 시집으로 『밀물결 오시듯』, 『내 안에 쓰러진 억새꽃 하나』, 『해창만 물바다』, 『조선의 아이들은 푸르다』가 있다.

시작도
밑도 끝도 없이
강물이 흐른다

언제부터였을까
참 애쓰고
애쓴다

이게 어디 보통 일인가요
햇살 아래 강물 곁에서
도법 스님 하신 이 말씀

세 발 걷고
절 한 번
흐르다가 엎드렸다가
느릿느릿

어디 이게 보통 일인가요

이봉환 詩
햇살 아래 강물 곁에서
김성장 붓

출근길

이성균

2018년 4월 27일, 금요일, 맑음.

따가운 햇살이 창틀을 넘어 두 눈을 찌르고
두 발을 힘겹게 옮기며 문지방을 넘을 때
나의 하루는 시작된다.

바쁘디바쁜 자동차 엔진 소리 틈 사이로
발광하는 푸른 빛이 두 눈에 번질 때,
횡단보도 하얀 선을 넘는다.

전철의 바퀴들과 레일 사이에서
서슬 퍼런 소리가 두 귀를 덮을 때
노란 레고 조각을 이어 놓은 듯한 선 뒤에서
선을 넘어갈 채비를 한다.

일상적이고도 치열할 전쟁을 준비하며
십오 분이라는 평화로운 시간 동안
전철 레일 위에 넋을 내려놓는다.

한 번도 만나지 못한 채 마주 보고만 있는
한 쌍의 저 녹슨 선로처럼
1945년에는 생각을 갈랐다.
1953년에는 가족을 갈랐다.
하지만 그 녹슨 선로는 쌍을 이뤄 우리를 곧 만나게 하겠지.

오늘 아침 그는 그네와 함께 선을 넘었다.
나도 무수히 많은 선을 넘어 출근 중이다.

이성균 | 시흥 함현고등학교 국어 교사이며 안산시흥국어교사모임 '열정' 회원으로 활동하고 있다.

한번도 만나지 못한 채 마주보고만 있는
한 쌍의 저 녹슨 선로처럼
1945년에는 생각을 갈랐다
1953년에는 가족을 갈랐다
하지만 그 녹슨 선로는 쌍을 이뤄
우리를 곧 만나게 하겠지

이성교 詩 출근길에서 [illegible] [illegible]

내 나이 스무 살에 2

이시백

이제야 몇 자 적는다.

가위눌린 세월들과, 검은 고목에 피어나던 흰색의 꽃들과, 비린내를 풍기던 병기(兵器)들과, 까마득히 앞을 가로막던 산들의 서늘한 그림자에 대하여

내가 어디에서 그 젊은 날들을, 산마루에 임립한 갈매나무들이 마주한 바람처럼 흘려보냈는지, 방태산에 걸린 달들이 하얗게 얼던 개울 위로, 까마귀들이 떼 지어 울면 쿵 소리로 무너지던 설산들을 어떻게 지우고 살아왔는지에 대하여

이시백 | 1988년 『동양문학』으로 작품 활동 시작. 소설집 『갈보 콩』, 『누가 말을 죽였을까』, 『응달 너구리』, 장편소설 『나는 꽃도둑이다』, 『사자클럽 잔혹사』, 산문집 『당신에게, 몽골』 등이 있다.

소양호를 건너, 부식 수령 트럭 짐칸에 실려, 가축처럼 손가락으로 헤아려지는 동료들과 마당에 놓여났다. 말로만 듣던 북녘을 힐끔거리며, 거기, 금세 머리에 흰 수건 두른 어머니가 방문을 밀고 내다볼 듯한 낡은 집과, 그 마당에 서서 주먹만 한 홍시들을 툭툭 떨어뜨리고 있는 늙은 감나무와, 바람이 이따금 제 얼굴을 담그는 이끼 낀 우물과, 서러운 억새가 덮인 들판을 불사르던 노을을 바라보는 것을, 아, 그리움에도 죄가 있다는 것을, 숨죽이며 흘려보낸 스무 살을, 가만히 가늠쇠 위에 올려놓고 바라보던, 그 퍼렇게 빛나던 날들이 겨울 해처럼 사그라지던 것에 대하여

소양호를 건너 부식 수령 트럭 짐칸에 실려 가축처럼 손가락으로
헤아려지는 동료들과 마당에 놓여났다 말로만 듣던 북녘을
힐끔거리며 거기 금세 머리에 흰 수건 두른 어머니가 방문을
밀고 내다볼 듯한 낡은 집과 그 마당에 서서 주먹만 한 홍시들을
툭툭 떨어뜨리고 있는 늙은 감나무와 바람이 이따금 제 얼굴을
담그는 이끼 낀 우물과 서러운 억새가 덮인 들판을 불사르던 노을을
바라보는 것을 아 그리움에도 죄가 있다는 것을 숨죽이며
흘려보낸 스무 살을 가만히 가늠쇠 위에 올려놓고 바라보던
그 퍼렇게 빛나던 날들이 겨울 해처럼 사그라지던 것에
대하여

이시백 詩 내 나이 스무 살에 2 에서

만나 보니

이응인

만나 보니 우린
낯이 익어요.
내미는 손 맞잡으니
어느 새 친구 되네요.
두어 마디 주고받으니
오래 전 친척이고요.

형제끼리 먼저 귀를 열어요.
친척끼리 따뜻한 말 서로 건네고
친구끼리 듬직한 손 마주 잡아요.

만나 보니 우린
반가운 이웃이네요.
만나 보니 우린
시원하게 통하네요.

이응인 | 1987년 무크지 『전망』 5집으로 작품 활동 시작. 시집 『투명한 얼음장』, 『어린 꽃다지를 위하여』, 『그냥 휘파람새』, 『솔직히 나는 흔들리고 있다』 등이 있다.

만나보니 우린 낯이 익어요 내미는 손 맞잡으니 어느새 친구 되네요 두어 마디 주고받으니 오래전 친척이고요 형제끼리 먼저 귀를 열어요 친척끼리 따뜻한 말 서로 건네고 친구끼리 듬직한 손 마주 잡아요 만나보니 우린 반가운 이웃이네요 만나보니 우린 시원하게 통하네요

이응인 詩 만나보니

백인석 쓰다

택배로 보내는 딸기

이응인

봄에 경남 사천, 밀양에서 키운
어미 딸기 모종 1만 주를
평양 천동국영농장으로 보내면
튼튼한 아기 모종 10만 주로 길러
9월에 고향 경남으로 돌아옵니다.

아기 모종은 제 고향 온실에서
겨울 동안 무럭무럭 자라 꽃 피우고
2월부터 봄까지 우리 입에 들어와
살살 녹아내리지요.
겨울을 이겨낸 향기라
이름이 설향입니다.

사천에서 밀양에서
엄동설한 다 견디고 빨갛게 익어
입안에 사르르 하나로 녹는 통일딸기
지금 택배로 보냅니다
평양 천동국영농장 앞.

사천에서 밀양에서
엄동설한 다 견디고 빨갛게 익어
입안에 사르르 하나로 녹는 통일딸기
지금 택배로 보냅니다
평양 천동국영 농장 앞

이응인 詩 택배로 보내는 딸기 에서
김성장 글씨

나도 정은이야

이정은

안녕
내 이름은 이정은

미국, 중국, 일본 어디에도 없는
정은이란 이름

철조망 걷어내고 만나는 날
넌 김정은 난 이정은

같은 이름 가진 동무들 다 불러서
끝말잇기 하고 놀 거야

속닥속닥 비밀얘기 할 거야
파란 도보다리에서처럼

통역사?
고추잠자리 따라다니겠지

이정은 | 2017년 『사람의 문학』으로 작품 활동 시작. 대안학교에서 아이들 가르치는 일을 하고 있다.

안녕
내 이름은 이정은
미국 중국 일본 어디에도 없는
정은이란 이름
철조망 걷어내고 만나는 날
넌 김정은 난 이정은
같은 이름 가진 동무들 다 불러서
끝말잇기 하고 놀거야
속닥속닥 비밀 얘기 할거야
파란 도보다리에서처럼
통역사?
고추잠자리 따라다니겠지

이정은 詩
나도 정은이야
개서자노봇

무성영화

이중현

그 봄, 길고 긴 무성영화를 보았지
땅의 은하수, 비무장지대
땅의 오작교, 도보다리에서 손잡은 남과 북

그날 소나기 내리던 봄햇살
월북하던 고모부 뒷모습 바라보던
큰고모 눈물
봄나무 새순마다 연녹색으로 잠든 바람
어린 시절 애써 아버지를 감추던 사촌형
비무장지대에서 위태롭게 지저귀는 새들
고모부를 발음하지 못하던 집안 식구들

수십 년 세월, 고모부를 숨긴 집안 뒤적이며
한반도 극장에서 우리 모두의 영화
그 봄, 끝 모를 무성영화를 보았지

이중현 | 『소설문학』과 『세계의 문학』을 통해 작품 활동 시작. 시집으로 『아침 교실에서』를 비롯해 동시집 『공부 못하는 이유』, 동화집 『나의 비밀친구』 등을 냈다.

그날 소나기 내리던 봄햇살
월북하던 고모부 뒷모습 바라보던
큰고모 눈물
봄나무 새순마다 연녹색으로 잠든 바람
어린시절 애써 아버지를 감추던 사촌형
비무장지대에서 위태롭게 지저귀는 새들
고모부를 발음하지 못하던 집안 식구들

이종현詩 무성영화에서 [illegible]

통일절이 온다

임덕연

어느 해
어느 순간
거짓말처럼
천둥벼락처럼
통일이 올 것이다.

꿈처럼 너도나도 일어나
깃발을 찾아들고
거리로 나서면 이 집 저 집
누구랄 것 없이
하나 둘 고운 옷 입고 나와
서로가 서로 뒤를 따라
거리를 가득 메울 것이다.

서로 쳐다보면 함박웃음 머금고
그동안 허물이나 있었던 듯
그동안 미움이나 있었던 듯
그동안 싸움이나 있었던 듯
기쁜 맘으로
누가 먼저랄 것 없이 만세를 부를 것이다.
목청껏

눈물이 줄줄 흘러도 부끄럽지 않고
겅중겅중 뛰어도 남세스럽지 않고
팔푼이처럼 히죽거려도 바보스럽지 않은
낯모르는 이와 얼싸안고 돌아도 마냥 좋은

그런 날이 올 것이다.
기다리던 사람들에게 올 것이다.
기다리지 않은 사람들에게도 올 것이다.
잔 가득 넘쳐나게 막걸리를 따라 마시며
누군가가 또 가득 잔을 채워 주고
동무 동무 한잔 하라우
억센 함경도 말이 들려도 정겹고
우째스까 한잔 혈란가
야들어진 전라도 말이 이물스럽지 않은

어느 해 어느 순간
촌 시인 시처럼 통일이 온다.
통일절이 온다.

임덕연 | 동인지 『교사문학』에 시를 발표하면서 작품 활동 시작. 시집 『남한강 편지』, 2인 시집 『산책』, 그림책 『천사가 사는 갯벌』 등이 있으며, 여주 이포초 하호분교 교사로 근무 중이다.

임덕연 詩
통일절이 온다
백인석 붓

아버지 현대사

임덕연

아버지는 32년생
아기 놋주발까지 뺏어가던 일제 때였다.
해방이 되어도 해방된 지도 모르고
독립이 되어도 만세 한 번
제대로 목청껏 불러보지 못한
깜깜한 산속 마을이었다.

일하면 일할수록 더 허기진 밭 한 뙈기에
칠남매 둘째였으나
형은 아들 없는 큰집에 양아들로 가
없는 살림 맏이 노릇을 해야 했다.

형 징집 영장 대신 받아들고
여수 순천 제주도까지
어디가 어딘지 모르게
가라면 가고 서라 하면 서 있다
학질 걸려 돌아와 다시 제 역으로
또 군대 간 아버지
빨갱이라면 절구에 뼈를 갈아
마셔도 시원치 않다고 하셨다.

아들이 시위하다 최루가스 냄새라도 묻히고 오면
빨갱이 땜에 얼마나 고생했는지
했던 이야기 또 듣고 또 들어야 했다.

살아 계셨으면 아마
촛불 든 아들과
태극기 든 아버지가 광화문쯤에서
서촌 국밥집쯤에서 만났을
아버지는 32년생
참 모진 인생이었다.

형 징집 영장 대신 받아들고
여수 순천 제주도까지
어디가 어딘지 모르게
가라면 가고 서라 하면 섰다
학질 걸려 돌아와 다시 제역으로
또 군대 간 아버지
빨갱이라면 절구에 뼈를 갈아
마셔도 시원치 않다고 하셨다

살아 계셨으면 아마
촛불 든 아들과
태극기 든 아버지가 광화문 쯤에서
서촌 국밥집 쯤에서 만났을
아버지는 32년생
참 모진 인생이었다

임덕연 詩 아버지의 현대사에서
김성장 붓

영변에 약산

임정아

나 오래전
“통일 되면 평안도 영변 시골 학교 국어선생님으로 가고 싶어.”
아이들 초롱초롱.
“영변 산골 아이들이랑 진달래꽃 따며…….”
말 끝나기도 전 한 아이 내뱉는 말
“추접하다!”
남자고등학교 문학 시간, 김소월을 배울 때.

영변에 약산 진달래꽃 대신
핵구름 뭉게뭉게 그 하늘 덮는 동안
가뭇없이 스러져간 나의 꿈
해마다 널뛰기하며 속절없던 꿈

오랜 세월 돌고 돌아
끝내 영변 아닌 서울에서 정년 맞아
나는 학교를 떠나고

통일이고, 나발이고, 북한은 무조건 추접하다던
소년이 자라
평양냉면 줄 서서 사 먹는 날이 다 왔네.

영변에 약산, 진달래꽃.

임정아 | 1976년 〈여성중앙〉 현상문예 시 당선, 1989년 〈신동아〉 논픽션 공모 당선으로 작품 활동 시작. 교육산문집 『너의 외로움을 믿는다』, 국어시간에 고전 읽기 『운영전』, 『춘향전』 등이 있다.

나, 오래전
"통일되면 평안도 영변
산골학교 국어선생님으로 가고싶어"
아이들 초롱초롱
"영변 산골 아이들이랑
진달래 꽃 따며"
남자고등학교 문학시간
김소월을 배울때

이근정아 詩 영변에 약산 에서
나무 김성장 붓

할머니들 퇴근시간

장주식

남한강변 작은 마을회관에 노을이 지고
키 큰 옥자 뚱뚱한 봉예 아담한 꼭지
여든 넘은 세 할머니 유모차 따라 퇴근을 한다
우리 집 뒤뜰을 지나가다
뭘 만날 끔지럭거리노?
봉예가 나에게 말을 걸고
옥자와 꼭지는 나란히 서서 웃는다
그때 동네이장 방송이 나왔다
아아, 큰말 사시던 김천수 모친께서 별세하셨답니다 장례식장은…….
방송에 귀를 기울이던 세 할머니 한꺼번에 묻는다
뭔 소리랴?
내가 방송내용을 천천히 반복했더니
응, 그려? 평양댁이 아주 멀리 퇴근했네그랴
이건 옥자 말이고
저기 빈집 있쟈? 왜 은행나무 큰 놈 뒤 향나무 많은 집 그 집에 살았어

장주식 | 2000년 『그리운 매화 향기』로 제2회 어린이문학상을 수상하며 작품 활동 시작. 동화 『그해 여름의 복수』, 청소년 소설 『순간들』, 『길안』, 인문도서 『논어 인문학1,2』 등이 있다.

아들 따라 서울 간 지 팔년인가? 그래 됐제? 이장 봤던 김천돌이 작은엄마여
이건 꼭지 말이고
저 사람이 알간? 작년에 이사 왔는데
이건 봉예 말인데
기래 가고 싶다던 그 게도 가 볼라나
이건 옥자가 한 번 더 한 말이다
김천수 모친이 옥자와는 전쟁 때 피난 같이 나온 고향 동무고
봉예와 꼭지는 터 잡고 살면서 친구 먹게 되었다는 건 나중에 안 일이다

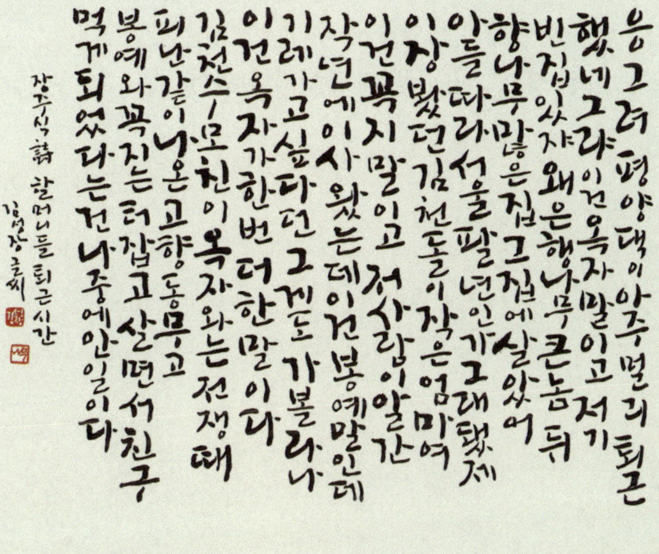

봉예 고욤나무

장주식

내가 새로 집을 지은 곳은 사백 년 전 처음 집을 지었고
그 뒤로도 많은 집이 지어졌다 헐리고 주인도 여러 번 바뀌었다
집터에서 지금 가장 나이 많은 생명은 고욤나무인데
일흔일곱 살이고 이층집인 우리 집보다 키가 크다
고욤나무는 사십 년 전 큰 물난리에 집이 잠기기 전
그 집에 살던 열 살 봉예가 이년생을 심었다고 한다
봉예는 열 걸음 떨어진 뒷집으로 시집가서
지금 여든다섯 할머니가 되었고
나는 새로 집을 짓고 고욤나무 새 주인이 되었다

어느 날 내가 나무 밑 풀을 뽑고 있는데
봉예 할머니가 오시더니 "저 고얌 베버려!" 버럭 소리를 질렀다
나는 깜짝 놀라 아니 직접 심어서 이렇게 잘 자란 나무를
왜 베라고 하시느냐고 물었더니
원래 감나무를 심은 건데 고얌이 되었다고
그나마 고얌도 안 달린다고
밭에 그늘만 지운다고
고욤나무를 흉보신다
나는 잠깐 생각하다가

그래도 안 베겠다고
그늘이 생기니 시원하고 좋다고
고욤은 안 달려도 줄기며 잎은 예쁘기만 하다고
내가 나무 둥치를 어루만지자
"그럼 그러든지." 봉예 할머니가 장난스럽게 웃는데
나는 열 살 난 봉예가 어깨를 으쓱으쓱 하는 줄 알았다

봉예고욤나무

내가새로집을지은곳은
사백년전처음집을지었고
그뒤로도많은집이지어졌다
헐리고주인도 여러번바뀌었다집터에서가장나이많은생명은
고욤나무인데일흔아홉살이고 이층집인우리집보다키가크다고욤나무는
십년전그집에살던 열살봉예가 이년생을 심었다고한다 봉예는 열걸음
떨어진뒷집으로시집가서지금여든다섯할머니가되었고 나는새로
집을짓고 고욤나무 새주인이되었다 어느날내가나무밑풀을뽑고있는데
봉예할머니가오셔서 저고욤베버려버럭 소리를질렀다 나는 깜짝
놀라 아니직접심어서이렇게잘자란나무를왜베라고하시느냐고물었더니
원래감나무를심은건데고욤이되었다고 그나마고욤도안달린다고 밭에
그늘만지운다고 고욤나무를흉보신다 나는잠깐생각하다가그래도안베겠다고
그늘이생기니 시원하고좋다고 고욤은안달려도줄기며잎은예쁘기만하다고내가
나무둥치를어루만지자 그럼그러든지 봉예할머니가장난스럽게웃는데나는
열살난봉예가어깨를으쓱으쓱하는줄알았다

장주식詩 봉예고욤나무

지윤 양은경쓰다

당신도 조선생

조경선

낮달맞이꽃 무성한 날에
읽던 시집 몇 권을 보내나니

조선생, 당신도
능선 따라 휘청거리며 사라졌던 이들을 사랑하였을까
담을 넘지 못한 나지막한 목소리를 기억하여
밤과 별을 노래한 이들을 호명하였을까

광활한 산맥의 소리
흔들리는 파도의 말
아슬아슬한 빛줄기이거나
바닥으로 붙은 이야기를 어떻게 다독여 끄집어냈을까

조경선 | 2001년 제10회 전태일문학상을 수상하며 작품 활동 시작. 교육산문집 『서울 여자, 시골 선생님 되다』가 있다

뒤편에서 갈라진 말로 따지거나 북적거려
노폐물 고인 틈새에 갇혀
혼자 쓸고 닦았던 시간은 없었는지

사각사각
당신과 나, 등나무가 있는 의자, 숲과 강물
조선생의 손수건을 받아 판서하는 날에

광활한 산맥의 소리
흔들리는 파도의 말

아슬아슬한 빛줄기이거나 바닥으로 붙은 이야
기를 어떻게 다독여 꼬집어 놓을까

조경선 詩 당신도 조선생 에서 가서강 봄

평양냉면

조성순

그가 말했네.
-멀리서 아니, 멀다고 하면 아니 되지.
-애써 가져왔으니 잘 드시라.

남쪽에서 아니 세계인들이 주목하고 있었지.

내 할아버진
-나라가 동강났는데 냉면까진 도저히 못 자르겠다.
한사코 가위질을 마다하셨지.

그런 냉면을 그가 낸다네.
그 냉면을 우린 대통령께 양보하고
길게 줄을 서서 기다렸지.

가위질을 하지 않고
찬찬히 음미했네.
겨자는 부벽루에 뜬 달이고
오래 우려낸 육수는
대동강 물
찬 제육 고명은 능라도이겠지.

화창한 봄날
냉면 한 그릇 잘 먹고 길을 나서니
연둣빛 버들은 눈부시게 빛나는데
까닭 없이 눈가가 개진개진
냉면 한 그릇에
봄이 깊어가네.

조성순 | 2008년 『문학나무』 신인상, 2011년 교단문예상을 받으며 작품 활동 시작. 시집 『목침』, 『가자미식해를 기다리는 동안』이 있다.

내 할아버지 나라가
동강 났는데 냉면까진
못 자르겠다 하시고
가위질을 마다하셨지

조성순 詩 평양냉면 中
여운 김미옥 쓰다

2030

조성순

대동강 건너 능라도에서 애기똥풀 이질풀 흐드러진 길을 산책하고 있다. 하늘은 잔뜩 흐려 금방이라도 작달비가 쏟아질 듯하지만 가끔 바람이 이마를 훔치고 간다. 저녁은 고창 촌놈 김영춘 시인과 보통강 가 "바보주막"에서 제육에 평양소주를 하고 냉면으로 마침표를 찍으면 좋겠다는 생각을 하니 입이 절로 귀에 걸린다. 어질고 다사로운 그는 고창 옛집을 지키느라 멀리 여행을 하질 않는다. 여러 차례 지청구 끝에 온다니 한달음에 평양으로 마중을 왔다.

칠팔월의 개마고원은 짜장 아름답다. 만병초 좀참꽃 담자리꽃 등 키 작은 들꽃이 수놓은 고원은 바람이라도 불면 향그런 종소리가 들린다. 팔월의 평균 기온이 15도 안팎이니 차라리 가을이다. 허천강 장진강 삼수천 등이 북으로 흘러 합수하여 압록이 되고 연화산 차일봉 와갈봉 낭림산이 다 이천 미터가 넘으나 고원에서는 높아 보이지도 않는다. 구월 중순께 첫서리가 내리니 단풍도 일찍 오신다. 처음에는 옅은 는개 모양 내리다가 이윽고 붉고 노란 단풍이 세상을 호령하면 별유천지비인간이 따로 없다.

올해가 통일 7년, 모든 게 꿈만 같다. 남과 북, 백성들의 염원이 마침내 이루어진 것이다. 남의 ×××, 북의 ×××이 초석을 다지고 서로 백번 양보하여 통 큰 결단을 실행한 것이다. 이 충격적 화합에 세계가 놀라고 박수를 쳤다. 우리나라를 두고 으르렁거리던 네 나라도 실랑이를 벌였으나 지금은 눈치 보기에 바쁘다.

삼수갑산, 오래전 백석 시인이 살던 곳이 내가 있는 산방에서 그리 멀지 않다. 영춘 시인을 안내하며 잘난 척하고 코를 눌러주려 하니 또 입이 귀에 걸린다.

대동강 건너 능라도에서 애기똥풀 이질풀 흐드러진 길을 산책하고 있다. 하늘은 잔뜩 흐려 금방이라도 장대 같은 비가 쏟아질 듯하지만 가끔 바람이 이마를 훔치고 간다. 저녁은 고창 출신 김영춘 시인과 보통강가 빠보주막에서 제육에 평양소주를 하고 냉면으로 마침표를 찍으면 좋겠다는 생각을 하니 입이 절로 귀에 걸린다. 어질고 다사로운 그는 고창 옛집을 지키느라 멀리 여행을 하질 않는다. 여러 차례 지청구 끝에 온다니 한달음에 평양으로 마중을 왔다. 칠팔월의 개마고원은 짜장 아름답다. 만병초 좀참꽃 담자리꽃 등 키 작은 들꽃이 수놓은 고원은 바람이라도 불면 향그런 종소리가 들린다. 팔월의 평균 기온이 15도 안팎이니 차라리 가을이다. 허천강 장진강 삼수천 등이 북으로 흘러 합수하여 압록이 되고 연화산 차일봉 와갈봉 남포태산이 다 이천 미터가 넘으나 고원에서는 높아 보이지도 않는다. 구월 중순께 첫서리가 내리니 단풍도 일찍 오신다. 처음에는 엷은 눈개 모양 내리다가 이윽고 붉고 노란 단풍이 세상을 호령하니 별유천지 비인간이 따로 없다.

조성순 詩 2030에서 김세하 씀

자랑질

조영옥

어디 먼 나라 쿠바, 파리 다녀온 것
자랑 않는데
2003년, 1시간 거리 평양 다녀온 것
으스대며 자랑한다.
영국 사람. 멕시코 사람 만나고
그들과 놀았던 것 자랑하지 않는데
평양에서 백두산에서
똑같이 생긴 사람 만나
같은 말로 이야기 나눈 것 자랑한다.
몽골 양고기 허르헉, 인도 커리 탈리 먹은 것
자랑하지 않지만

옥류관 냉면, 평양 단고기. 대동강 맥주,
하다못해 아삭아삭 슴슴한 양배추 김치 먹은 것
자랑한다.
허풍 아닌 허풍 떠들썩 자랑한다.
또 또 뭐가 있나 자꾸 아련해져 가는데.

비자조차 발급되지 않는,
곧바로 갈 수 없는 단 하나의 나라
한때 당당하게 인천공항에서 고려항공 직항 타고
다녀왔다고 자랑질하다가
십수 년 눈물나게 자랑질하다가

이제 자랑질 안 해도 좋으니
너도 나도 놀러 가 보자고
남의 땅 장백산 아니라
우리 땅 백두산 장군봉 올라가 보자고
천지가 모두 내 것 아니라도
맑고 푸른 호숫물 우리 함께 두 손 모아
떠마셔 보자고
더 이상 자랑할 필요 없는
우리 강산에서 북쪽 내 친구와
평양 원산 내 고장 향토음식 먹어 보자고
자랑이 더 이상 자랑이 아니게
우리가 자랑이 되어보자고
이제는 그렇게 되어보자고.

조영옥 | 1990년 시집 『해직일기』를 내면서 작품 활동 시작. 『일만칠천 원』 등 세 권의 시집을 내고 현재 상주에서 그림을 그리며 환경운동을 하고 있다.

어디 먼 나라 쿠바 파리
다녀온 것 자랑 않는데
2003년 1시간 거리 평양
다녀온 것 으스대며 자랑
한다 영국 사람 멕시코
사람 만나고 그들과 놀았던
것 자랑하지 않는데 평양
에서 백두산에서 똑같이
생긴 사람 만나 같은 말로
이야기 나눈 것 자랑한다
몽골 양고기 허르헉 인도커리
탈리 먹은 것 자랑하지 않지
만 옥류관 냉면 평양 단고기
대동강 맥주 하다못해
아삭아삭 슴슴한 양배추
김치 먹은 것 자랑한다
허풍 아닌 허풍 떠들썩
자랑한다 또 또 뭐가 있나
자꾸 아련해져 가는데

조영옥 詩 자랑질에서
김성장 씀

파리, 나혜석

조영옥

여성해방주의자
신여성 나혜석은
용산역에서 파리행 기차표를 샀다
기차는 40km의 속도로 평양을 지나
신의주
압록강 건너
옛 부여의 수도 창춘
시베리아 평원을 거쳐 페테르부르그
베를린 그리고
파리
파리에서 그녀는 그림을 그리고
사람을 만나고
사랑을 하였다

용산역 매표창구에서
'파리'라고 말하는 그녀의
입 모양을 상상하면서
나도 입술을 붙였다 벌리며
툭 뱉어본다
'파리'
오늘

이 외로운 섬나라 조국에서
끊어진 철길 앞에서
마음속 큰 고동소리를 들으며
나혜석을 그려본다
용산역 매표창구에서
파리행 열차표를 받아들고 떠나는
자유로운 영혼
그녀를 생각한다.

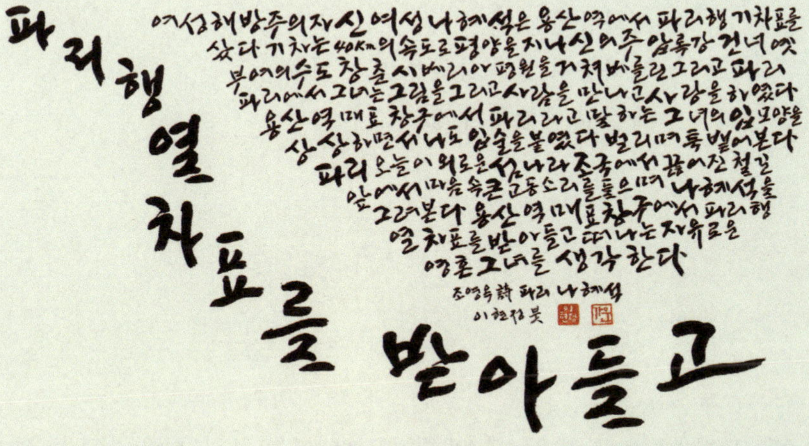

속삭임

조재도

평화통일 시에
DMZ 빼놓을 수 없지

평화통일 시에
남북 인민 빼놓을 수 없지

고원의 끝
칼바람에 할퀴어 시달리는
좀참꽃 꽃잎

평화통일 시에
평화롭지 않은 통일은 모두 가짜야
속삭임 빼놓을 수 없지

조재도 | 1985년 『민중교육』지로 작품 활동 시작. 시집 『백제시편』, 『좋은 날에 우는 사람』, 『소금 울음』, 청소년 시집 『자물쇠가 철컥 열리는 순간』, 청소년 소설 『싸움닭 샤모』, 『불량 아이들』 등이 있다.

평화통일 시에 디엠지
남북 인민 빼놓을 수
고원의 끝 칼바람에 없지
할퀴어서 달리는 좀참꽃 꽃잎
평화롭지 않은 통일은
모두 가짜야

속삭임 빼놓을 수 없지

조재도 시 속삭임 조원명 붓

이게 사람인가

조재도

이게 사람인가
실험용 원숭이 개 돼지 아닌가
허연 해골들이
턱뼈 다리뼈 덜그럭거리며
평생 쪼크라든 눈물 한숨에
72년 만에 형이 아우를 만났다
67년 만에 없는 줄 알았던 딸을 만났다
이게 사람인가
사람의 짓인가
악귀에 사로잡힌 포로들

이게사람인가
실험용원숭이개돼지아닌가
허연해골들이
헉빼의 다리뼈 덜그럭거리며
평생 쪼크라든 눈물한숨에
칠십이년만에 형이 아우를 만났다
육십칠년만에
없는줄 알았던 딸을 만났다
이게사람인가
사람의 짓인가
악귀에게사로잡힌 포로들

조재도 詩 이게사람인가
김성장 붓

대화

조향미

하늘대는 버드나무
달콤한 공기
도보다리의 대화는 연록빛이지
오천년 역사의 강을 따라
칠천만 민족의 생사를 지고
신라의 원로와 고구려의 청년
눈빛과 입 모양과 손짓에
둥근 지구가 귀 기울였네
무음의 소리를
종다리가 통역했고
아지랑이가 퍼뜨렸어
봄날의 대화
비무장지대 노루가 껑충껑충
유라시아 대륙까지 달려갔네
태평양 파랑도 움찔 숨죽였지
도보다리의 대화는 봄이었네
핵보다 강력한 새싹이었어

조향미 | 1986년 무크지 『전망』을 통해 작품 활동 시작. 시집 『길보다 멀리 기다림은 뻗어 있네』, 『새의 마음』. 『그 나무가 나에게 팔을 벌렸다』, 『봄 꿈』, 산문집 『시인의 교실』이 있다.

둥근 지구가 귀 기울였네
무음의 소리를
종다리가 통역했고
아지랑이가 퍼뜨렸어
봄날의 대화
비무장지대 노루가 껑충껑충
유라시아대륙까지 달려갔네

조향미 詩 대화 에서 김성장 붓

평화
-봄 나비

조향미

나만 좋아서는 오지 않는 것
너도 평등하게 좋아야 오는 것
내가 북방고원 달려가고 싶듯
너를 남쪽바다로 부르는 것
내 곁을 비우는 것
네 품을 여는 것

나는 네 이상 밀어내지 않고
너는 내 욕망 외면하지 않고
은산철벽 고치를 맹렬히 뚫는 것
사실은 무한천공
봄 나비로 훌쩍 날아오르는 것

운산철벽
고치를
맹렬히 뚫는 것
사실은
무한천공
봄나비로
훌쩍 날아오르는 것

조향미 詩 평화·봄나비에서
장종광 쓰다

선

조현설

월탄국민학교 4학년 1반 34번
선생님이 정해준 자리
오래된 나무 책상에는
깊이 골이 파인 선이 있었지
누군가 공들여 칼로 새겨놓은 선
33번 친구와 나를 나눠놓은 선
선을 넘은 지우개도 연필도 팔꿈치도
사정없이 추방하던 선
넘어오면 다 내 꺼
유치한 평화를 주었던 선 안에서
시월유신도 오일팔도
유월항쟁도 촛불혁명도 일어났지
이제는 폐교 되어
태양광 패널에 덮여 있는 교실
그 책상은 사라졌지만
여전히 폐지되지 않고 내 심령을 분단하고 있는 선
폐교 앞 강물은 갑년을 넘어 흘러갔는데
주름만큼 깊어진 선
내 육신이 데리고 가야 할
마음의 지문

조현설 | 1991년 『한길문학』으로 작품 활동 시작. 시집 『꽃씨 뿌리는 사람』이 있으며, 『우리 신화의 수수께끼』, 『문신의 역사』, 『마고할미 신화 연구』 등을 펴냈다.

월탄국민학교 4학년 1반 34번
선생님이 정해준 자리
오래된 나무책상에는
깊이 골이 파인 선이 있었지
누군가 공들여 칼로 새겨 놓은 선
33번 친구와 나를 나눠놓은 선
선을 넘은 지우개도 연필도 팔꿈치도
사정없이 추방하던 선
넘어오면 다 내 꺼
유치한 평화를 주었던 선 안에서
시월유신도 오일팔도
유월항쟁도 촛불혁명도 일어났지
이제 폐교 되어
태양광 패널에 덮여 있는 교실
그 책상은 사라졌지만
여전히 폐지되지 않고
내 심령을 분단하고 있는 선
폐교 앞 강물은 70년을 넘어 흘러갔는데
주름만큼 깊어진 선
내 육신이 데리고 가야 할
마음의 지문

조현설 詩 선
김성장 씀

방생

조현설

이마 툭툭 찧으며
한사코 유리창을 나가려는 잠자리
고이 잡아 방생

어린 날
강아지풀 꼬리에 끼워
시집가거라 날려 보내던 일
속죄속죄
되뇌이노라니

멈칫하다 날아오르는 여린 잠자리
시퍼런 하늘에
가을을 방생

이마 톡톡
찌푸리며 한사코
유리창을 나가려는
잠자리
고이 잡아 방생
어린 날
강아지풀 꼬리에
끼워
시집가거라
날려
보내던 일
속죄 속죄
되뇌이노라니
멈칫하다
날아오르는
여린 잠자리
새파란 하늘에
가을을 방생

조현설 詩 방생
류미옥 글씨

마을의 꽃

최경실

우리 마을의 비무장지대는
일흔을 넘긴 할머니다
새벽같이 쳐들어오는 옆집 아주머니의 벌건 눈도
아래뜸 할머니의 고목나무 속마음도
적금 붓듯 남편 흉보는 며느리도
할머니 앞에서 무기를 내려놓는다

그려, 그려
가심 아팠겄네
욕 봤어. 자네나 허니께 젼디지

별말도 없이 고개만 끄덕이고
어떤 날은 살짝 졸고 계시는 듯한데
사람들은 꽃 보듯 마음을 놓고 간다

막걸리 한잔이라도 걸치고 가라며
무릎 세우는 도라지꽃 같은 할머니
대접에 따르는 술이 출렁 넘쳐
허전하게 들끓는 마음 적시고
마당가 석류나무 꽃봉오리도
귀 기울인다

꽃이 잠시 피는 뜻은
들을 게 많아서다

최경실 | 1993년부터 충남교사문학회에서 작품 활동을 시작했으며, 현재 충남교육연구정보원 교육연구사로 근무 중이다.

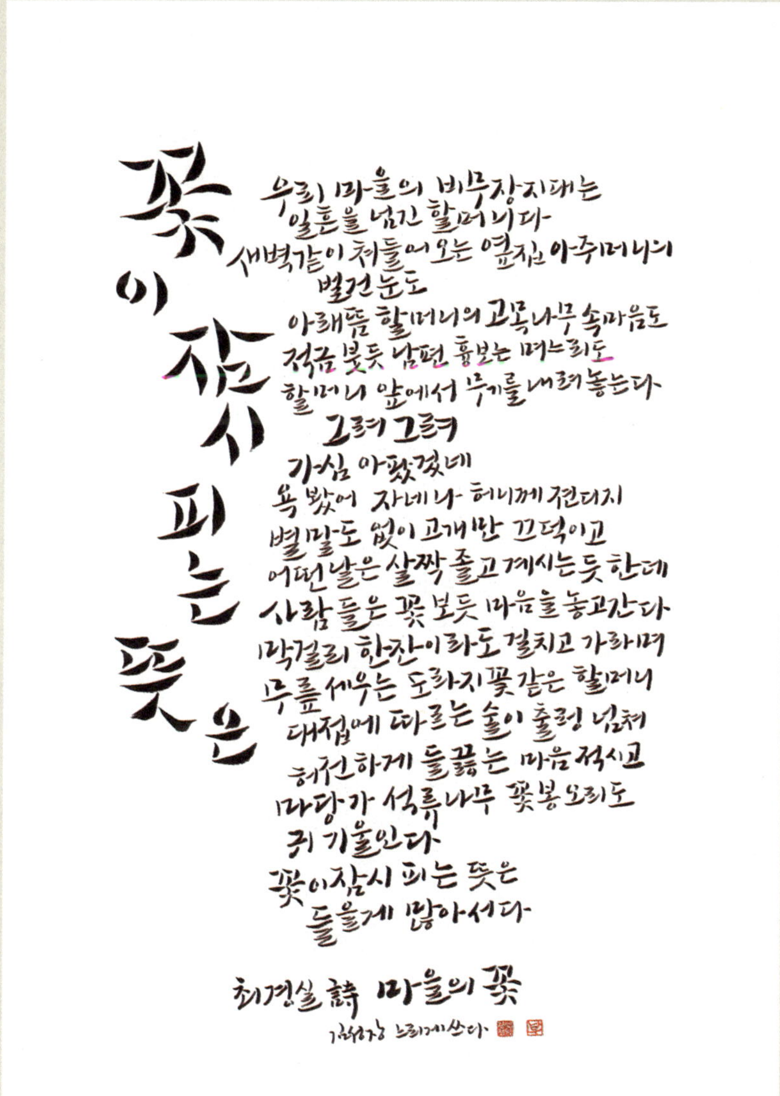
꽃이 잠시 피는 뜻은
우리 마을의 비무장지대는
일흔을 넘긴 할머니다
새벽같이 쳐들어오는 옆집 아주머니의
벌건 눈도
아래뜸 할머니의 고목나무 속마음도
적금 붓듯 남편 흉보는 며느리도
할머니 앞에서 무기를 내려놓는다
그려 그려
가심 아팠겠네
욕 봤어 자네나 허니께 견디지
별말도 없이 고개만 끄덕이고
어떤 날은 살짝 졸고 계시는 듯 한데
사람들은 꽃 보듯 마음을 놓고 간다
막걸리 한잔이라도 걸치고 가라며
무릎 세우는 도라지꽃 같은 할머니
대접에 따르는 술이 출렁 넘쳐
허전하게 들끓는 마음 적시고
마당가 석류나무 꽃봉오리도
귀 기울인다
꽃이 잠시 피는 뜻은
들을게 많아서다
최경실 詩 마을의 꽃
김성장 느리게 쓴다

가로등

최경실

겨울밤
온통 십자가다

천 개의 십자가 모여
어둠 하나를 밝힌다

겨울밤 모든 십자가다.

천 개의 십자가 모여
어둠 하나를 밝힌다.

최경실 시인의 가로등 한 붓 쓰다.

도보다리

최기종

판문점 옆에 있는
작은 다리일 뿐이었다.
중립국감독위원회 캠프로 가는
습지에 놓인 그렇고 그런 다리일 뿐이었다.
어쩌다 노루, 고라니만 오가고
왜가리, 해오라기 쉬어가는 다리일 뿐이었다.
그렇게 버려진 듯 외롭던 다리가
세계의 다리가 되었다.

남북 두 정상이
어깨를 맞대고 걸어갔을 뿐인데도
세계가 고개를 끄덕거렸다.
군사분계선 표식물(101번째)도 살피고
비무장지대 생태계 못내 둘러봤을 뿐인데도
전 세계가 꽃발을 들었다.
두 정상이
버들가지 늘어진 의자에 앉아

배석자도 카메라도 멀리하고
환담을 나눴을 뿐인데도
새소리만 요란하게 들렸을 뿐인데도
지구촌이 바짝 귀를 세웠다.
남북 두 정상이
걸어서 건너는 다리가 있어서
70년 묵은 체증이 확 내려간다.
봄바람 살랑거리고
걸어서 건너는 다리가 있어서
너도나도 세계의 다리가 되었다.

최기종 | 1992년 교육문예창작회 공동 시집 『대통령의 얼굴이 또 바뀌면』으로 작품 활동 시작. 시집 『나무 위의 여자』, 『나쁜 사과』, 『학교에는 고래가 산다』, 『슬픔아 놀자』 등이 있다.

너도 세계의 다리가 되었다

걸어서 건너는 다리가 있어서
다리가 있어서 70년 묵은 체증이 확 내려간다 봄바람 살랑거리고
뿐인데도 지구촌이 바짝 귀를 세웠다 남북 두 정상이 걸어서 건너는
멀리하고 환담을 나눴을 뿐인데도 새소리만 요란하게 들렸을
두 정상이 버들가지 늘어진 의자에 앉아 배석자도 카메라도

최기종 시 도보다리 중에서 윤은화 산다

물꼬

최기종

마른논에 물 들어온다.
남북한 정상이 삽으로 논두렁 팍팍
11년 가뭄 들어낸다.
그 얼마나 타는 목마름이었더냐
그 얼마나 기다리던 물내림이었더냐
순천자 필흥(順天者 必興)이라고
물 내리는 소리 얼씨구 저절씨구
물 드는 소리 지화자, 지화자 좋구나
마른논에 물 들어온다.

무논에 새 날아간다.
남북한 정상이 쟁기질하고 써레질하고
씨줄 날줄 못줄을 잡는다.
그 얼마나 바라던 모내기더냐
그 얼마나 꿈꾸던 두레밥상이더냐
농자 천하지대본(農者 天下之大本)이라고
남에서 소리하면 북에서 받고
북에서 줄을 띄우면 남에서 이어가고
무논에 새 날아간다.

철조망에도 꽃이 핀다.
남북한 정상이 분계선 마주 보고 손을 잡고
65년 북풍한설 녹여낸다.
이 얼마나 뜨거운 악수더냐
이 얼마나 피어나던 봄이더냐
'평화와 번영'을 심는다고 아리랑 아리랑 아라리요
대동강 한강수 합수되는 소리
한라산 백두산 막힌 혈맥 풀어대는 소리
철조망에도 꽃이 핀다.

논이란 논
물꼬 터진 여진이다.

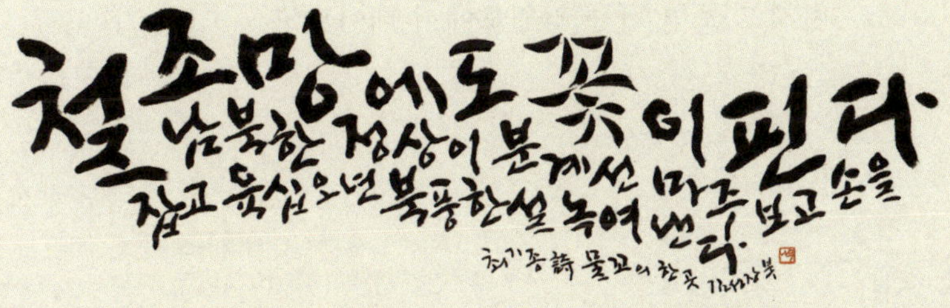

따지고 보면

최성수

나는 황해도 해주가 본관이고
아내는 경상남도 김해가 본관이니
우리는 북남남녀라 해야 하나?
따지고 보면
내 조상 호호할배는 평안북도 삭주 어디쯤에 살았고
어머니는 본적이 평안남도 강서(江西)니
북쪽 출신으로 보이지만,
나는 증조부 때부터 강원도 안흥에서 살았으니
남쪽 출신임이 분명하다
아내네 집은 평양에서 살다 1.4 후퇴 때
피난 내려와 서울에 터 잡았으니
북쪽 출신임이 분명하다
따지고 보면 나는 강원도에서 태어났고,

아내는 서울에서 태어났으니,
둘 다 남쪽내기임도 분명하다
다시 따지고 보면
뿌리는 북에 있으면서 나고 자라기는 남에서였으니
우리 부부는 남이면서 북이고 북이면서 남이다

백두산 자락 삼지연에도
독립운동 차 나섰다 주저앉은
안동 김 씨 아무개가 살고,
황해도 사리원에도 본관이 밀양 박 씨인
아무개가 살 테니
그이들 또한 다 북이면서 남이다

따지고 보면 까짓 남이니 북이니
편 가르고 종주먹질해 대는
세상 잡것들은 몰라도 한참 모르는 것들이다

한반도 어디에 사는 누구든
다 나는 너고, 너는 나고, 모두 우리라는
어린애 셈속처럼 쉬운 이치를

최성수 | 1987년 『민중시』 3집으로 작품 활동 시작. 시집 『장다리꽃 같은 우리 아이들』, 『천 년 전 같은 하루』, 『꽃, 꽃잎』과 청소년소설 『꽃비』, 『무지개 너머 1,230마일』 등이 있다.

백두산 자락 삼지연에도 독립운동 차 나섰다
주저앉은 안동김씨 아무개가 살고, 황해도
사리원에도 본관이 밀양 박씨인 아무개가
살테니 그 이들 또한 북이면서 남이다
따지고 보면 까짓! 남이니 북이니 편가르고
종주먹질해 대는 세상 잡것들은 몰라도
한참 모르는 것들이다. 한반도 어디에 사는
누구든 다. 나는 너고, 너는 나고, 모두 우리라는
어린애 셈속처럼 쉬운 이치를

최성수 詩 따지고 보면, 류미옥 글씨

명천(明川)의 림 선생께

최성수

김장 끝나고 첫눈 내리면
그대에게 가겠소
개골산 눈길 지나 바닷길 한동안
이윽고 그대의 명천에 이르면
눈발 포근하고 바람 따스하리
퇴직 후 고향 마을 아이들과 논다는 그대는
여전히 눈 맑은 북의 교사
명퇴 후 강원도 보리소골에 터 잡은 나도
여전히 늙은 선생
지난겨울처럼 소반에 내올 명태찜
망돌*에 갈아 만든 메밀부침을 떠올리면
눈길 천리도 한달음이리
소곤소곤 이야기는 밤을 넘고
문밖에는 살금살금 눈이 내리리니

봄눈 녹고 버들잎 푸르면
그대 몸 가벼이 내려오시오
내가 간 길 고스란히 되짚어 그대 오면

* '맷돌'의 함경도 말.

마당 꽃그늘에 화전 부쳐놓고 기다리리다
오고 가고 가고 오며 자국 내면
그 흔적이 그대로 길이 되리니,
내가 가고 그대가 오고
그 사이 겨울 가고 봄이 오리니

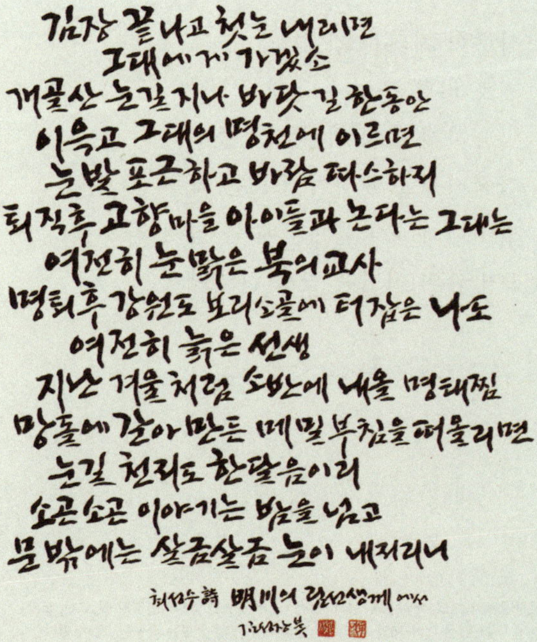

정신의 근육

최은숙

새로 바른 창호지문에서 풀 냄새가 났다
늦가을 햇살에 팽팽해진 문을 달고
불 땐 방에 엎드리면 좋은 생각만 났다
신문지에 꼭 눌렀다가
문에 바르던 단풍 한 잎
그만큼의 호사는 지니고 살았다

삭풍이 지나는 긴 밤도
새로 바른 문이 든든해
아늑하게 모여 자던 식구들
함석지붕을 때리며 구르는 밤톨
할머니가 호박풀떼기 쑤는 냄새
그만큼의 가난은 춥지 않았다

우린 튼튼하였다

최은숙 | 1990년 『한길문학』으로 작품 활동 시작. 시집 『집 비운 사이』, 『내 인생의 첫 고전, 노자』, 『내 인생의 첫 고전, 장자』, 산문집 『세상에서 네가 제일 멋있다고 말해주자』, 『성깔 있는 나무들』 등이 있다.

우린 튼튼하였다

새로 바른 창호지 문에서 풀냄새가 났다 늦가을 햇살에
팽팽해진 문을 닫고 불 땐 방에 엎드리면 좋은 생각만 났다
신문지에 꼭 눌렀다가 문에 바르던 단풍잎 그만큼의 호사는
지니고 살았다 삭풍이 지나는 긴 밤도 새로 만든 문이
든든해 아늑하게 모여 자던 식구들 함석지붕을 때리며
구르는 밤톨, 할머니가 호박풀떼기 쑤는 냄새 그만큼의 가난은
춥지 않았다 우린 튼튼하였다

최두석 시 정신의 근육 윤은화 쓰다

신효순, 심미선

최은숙

수탉이 홰를 칠 때 쇠죽은 이미 끓고
마당에는 비질 자국 선명했지
밥솥에 김이 오를 때
들에서 돌아와 고무신에 물을 끼얹는 아버지
마루부터 윤이 나게 걸레질한 어머니
눈꼽만 뗀 아이들 두리반에 둘러앉으면
아침 해 말갛게 솟아올랐지
그랬지 뚝배기에 달그락달그락
숟가락 같이 담그는 식구가 있어
거친 밥이 달고 가난한 지붕 아래도 구순했지
고요한 아침의 나라
그렇게 불리던 때도 있었다는
그만그만한 마을의
그만그만했던 아침

이제 밥상 앞에 미선이가 없구나
효순이의 숟가락질 멈추었구나
바다를 막아 뭍을 만들고
산을 파헤쳐 길을 내고
못 가진 자의 것으로 가진 자가 더욱 배부른 동안
외국군대를 끌어들여 제 가슴을 겨누는 동안
우리 이렇게 미쳐있는 동안
자긍심과 당당함과 순수함
재산인 줄 몰랐던 재산이 깨져나가고
보잘것없는 날들
목 메이는 밥상만 남아 있구나

하늘과 물과 땅과 사람이 닮은 나라
바다는 바다로 살고
산은 산으로, 땅은 땅으로
날짐승, 길짐승, 온갖 들풀이
생겨난 곳에서 평화로이 살다 가는 땅
우리가 거기 순한 백성이었던 때가 있었다 한다

베트남을 짓밟던 따이한의 악명을 사죄하는 마음으로
파병안이 국회를 통과할 때
이라크의 어린 것을 위해 아스피린 한 알을 샀던 마음으로
갯벌보다 먼저 저를 파괴하는 폭력과 권력에 맞서
삼보일배하는 그 마음으로
미선이와 효순이를 생각한다

기억하려 한다 2002년 6월 13일의 양주시 광적면 효촌리
십 년 다시 십 년, 또 십 년, 두 아이의 이름을 전송하려 한다
조양중학교 1학년 신효순과 심미선
친구들 만나러 가던 두 아이가 미군 장갑차에 압사했다
2002년 11월, 군사재판은 사건에 관련된 미군들을 무죄라 판결했다
업무 중 과실로 인한 우발적인 사고,
죄 없는 아이들의 죽음은 그렇게 마무리됐다

고통을 지녀 마지막 자존심을 지키려 한다
함께 살아가는 괴로운 세상, 그곳을 평화라 부르기로 한다

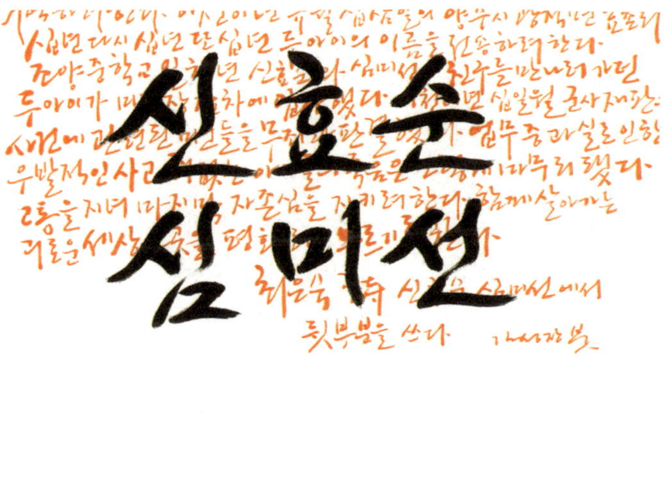
신효순
심미선

우리들의 보시행

한상준

술도 팔고 공책도, 과자도 팔던
후미진 동네 점방 주인이시던 내 어머니 살아생전
나의 어릴 적 친구들은 별 없는 저녁참이면
꾸벅꾸벅 고개 떨구며 조시는 어머님 면전에서
꽈배기며 눈깔사탕 등 훔쳐 먹었다고
이제 어머니의 나이쯤 된 동네 친구들이 고백한다
친구들의 새실새실 웃음기 머금은 그 고백이
배곯았던 어린 시절의 한 도막 추억인 건
동네 앞, 전주형무소 채소밭 사이로 난 길 지나 초등학교 등교하면서
죄수들이 먹을 무 뽑아가는 조막만 한 어린 것들
눈감아 주던 간수들의 돌린 고개 모른 채
무 이파리 잘라내어 갈라진 책가방에 담대히 쑤셔 넣고
쉬이 배 꺼지는 꽁보리밥 담은 점심도시락 까먹은 뒤에도 허기져

쉬는 시간, 어느 구석에서
뉘도 모르게 껍질 벗겨 먹고 난 후 입 딱 씻었어도
그만 방귀보다 독한 트림 내뱉는 바람에 들통나던 열두세 살을 지냈기에
어머니의 졸음과 친구들의 도둑고양이 걸음 떠올리며
초등학교 시절의 배고픔과 오늘의 넉살 한데 버무려
어머니의 보시행에 짐짓 헤픈 웃음과 허물없는 눈물 적시노니
그즈음, 동란 때 북으로 간 작은아버지 탓에 동네 떠난 영우네
그 무렵, 지리산 토벌대에 잡혀갔다 전주형무소 출소한 삼촌 때문이라며
월남이나 간다고 자원했다 한 줌 재로 돌아온 용두네 용만이 형
70년대 후반, 군복 입고 북으로 넘어간 형 탓에 고산면 화전촌으로 숨어든 기철네
동네가 모래내시장으로 바뀌어 여직도 남아서 월세 받고 사는 명수와
남녘으로 내려가 서생노릇 마치고 멍 때리며 놀고 있는 나까지

육십다섯 안팎을 살아온 우리에게 남은 건
연좌제 이겨내고 인천에서 중소기업체 운영한다는 영우 이야기에 한 잔,
형의 사망통지서와 함께
몇 가지 일제 가전제품 넣어 월남에서 온 박스 부러워하던 그때를 부끄러워하며
이산가족 상봉 TV 방송 보면서 행방 묘연한 기철이 이야기로 술잔 기울이는
우리에게 이제 남은 건
휴전선 250km, 상잔의 피로 얼룩진 철조망
우리 손으로, 우리 대의 속죄로 걷어내어
DMZ 평화통일동산 세우고 새처럼, 바람처럼, 구름처럼
남북 거침없이 오가도록
자식들에게 건네주는 데에 티 안 나는 힘이나마 보태는 일이려니

한상준 | 1994년 『삶, 사회 그리고 문학』에 「해리댁의 망제(忘祭)」를 발표하면서 작품 활동 시작. 소설집 『오래된 잉태』, 『강진만(康津灣)』과 산문집 『다시, 학교를 디자인하다』가 있다.

새처럼
바람처럼
구름처럼

상잔의 피로 얼룩진
철조망 우리 손으로
우리 대의 속죄로 걷어내어
디엠지 평화통일동산 세우고

남북 거침없이 오가도록
자손들에게
건네주는 데에
힘 보태는
일이러니

한상준 詩 우리들의 보시행에서 김정혜 붓

벗, 박배엽 시인을 부릅니다

한상준

남북 정상이 만나 어깨 겯고 걷던 도보다리 대담 보고
남과 북 오리(五里)의 간극을 상잔의 피로 물들인 휴전선 250km,
철조망 뽑아내고 평화통일동산 이룬 그 길로만
백두산에 가겠다던 벗,
박배엽 시인의 시, '나는 백두산에 안 갑니다'가 화들짝 일떠섰습니다

한반도의 저 춘삼월처럼
남북이 상서로운 발길 내딛던 시절
금강산도 개성 선죽교도 밟지 않은 건
'나는 백두산 안 갑니다'를 되새기는 애절한 맹서이기도 했으니

판문점 도보다리 나란히 걸으며
그어놓은 선도 쳐놓은 철조망도 막힘없이 남북 오가는
새소리, 바람소리, 물소리 들었을
두 사람
칠천오백만 겨레,
평화와 통일의 외침, 함성, 절규로 갈음하며 담대히 만나고
이웃집 담벼락 넘듯 갖은 형식 내려놓고 통일각에서 얼굴 맞대고
추석 즈음 평양에서 다시 만나는 날을 고대하며
벗과 벗의 시, 벗이 살아생전 담가준 칡술 떠올립니다

벗의 사후, 11년만인 2015년 건네받은
20년 넘은 칡술 언제라도 들고 가
백두산에 아직 이르지 못했다손 가는 길목
휴전선 철조망 걷힌 북녘 어느 자리, 어디 누항에라도
벗의 영혼 불러 한 잔 또 한 잔 나누고 싶습니다

한반도에 평화통일 그날이 오면
벗들 모여앉아,
벗의 시 한 소절씩 읊으며 벗의 영혼과 더불어
더덩실 더덩실 춤추고 싶으니,
한반도의 평화통일이여, 오시라
어서 오시라

철조망 뽑아내고
평화통일 봉산 이룬
그 길로만
백두산 가겠다던 벗
박배엽 시인의 시
나는 백두산에 안 갑니다

한상준 詩
벗 박배엽 시인을 부릅니다 - 에서
김성장 쓰다

송전탑

허 완

그대에게 내 애틋함을 보내리
위성사진에 찍힌 이 땅 군사분계선 너머
불야성 건너편의 칠흑을 보는
내 불편한 마음 섞어 보내리

밤새 꺼지지 않는 가로등 불빛이 있고
폭염에도 냉장고 같은 지하철이 다니고
손과 주머니에 전기를 갖고 다니는
칠흑 건너 이쪽에서 태어나 자란
내 안쓰러움도 더러 보내리

막힌 도로, 끊어진 철길을 잇듯
분계선 너머 헐벗은 산마루마다
서로 눈 부라리던 감시초소마다
기도의 언어를 날마다 쌓아 올리듯
가슴 속 응어리로 철탑을 세워
철책 넘은 넝쿨처럼 전선을 잇고
누구도 감당 못할 내 그리움을 보내리

안간힘으로 가시철책 넘어서
나팔소리 울릴 듯 봉오리 연 들꽃들처럼
울컥울컥 솟아 흐르는 마그마처럼
그대에게 내 뜨거운 혈류를 보내리

허 완 | 『교사문학』(1989)과 『황해문화』(1994)를 통해 작품 활동 시작. 박물관 안내서 『별난 박물관 별난 이야기』(공저)가 있고, 현재 인천대건고등학교 교사로 근무 중이다.

앞강 힘으로 가시철책 넘어서
나팔소리 울릴듯
봉오리 연 들꽃들처럼
울컥울컥 솟아
흐르는 마그마처럼 그대
에게 내 뜨거운 혈류를 보내리

허완 詩 송전탑에서 김성장 붓

그리움이면

허 완

북녘이 고향인 늙은 청년* 하나 있었지
어렵사리 고향에 다녀와
통일은 다 됐다, 했지만
육신을 벗어놓고 고향에 돌아갔지
넋이 되어서야 그 청년 돌아갔지

그리움 하나면 될 듯했는데
안간힘 날갯짓으로 이은 오작교
비정한 원한은 끊고 또 끊었지
벌써 유물이 되었어야 할 장벽을
더 높게 쌓았지, 더 두텁게 쌓았지

* 고(故) 문익환 목사

시대의 파도에 휩쓸리다가
내면 깊숙한 곳, 탐욕의 전당포에
우리 삶을 통째로 저당 잡힌 채
일제 강점, 그 갑절의 세월을
상처투성이 몸으로 모두가 절뚝였지

외로움 밀물로 차오르는 저녁
턱 밑에 찰랑대는 그리움이면,
오롯한 그리움이면 되었을 텐데
자존심 같은 것 내려놓고
기득권 따위는 집어치우고
통일은 다 됐다, 벌써 우리 그랬겠지

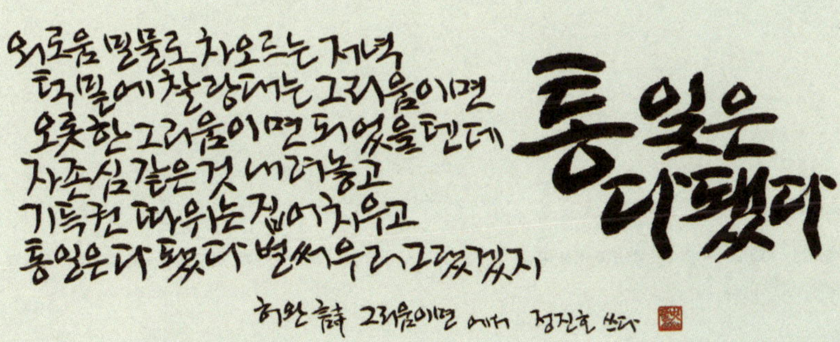

바보들아, 평화가 경제다

황영진

통일 비용 같은 소리하고 있네
분단 비용이고 통일 투자다
분단으로 권력을 잡고 누렸던 자들아
분단 장사치들아
이 얍삽한 도둑놈들아
주둥이들 닥치고 발로 뛰어 봐라
가장 평화롭지 못한 언어로 딱 한 번만 말해 주마
바보들아, 평화가 경제다

황영진 | 2006년 『사람의 문학』으로 작품 활동 시작. 시집 『벽시계 안 밀구넝』이 있으며, 대구 와룡중학교 교사로 근무 중이다.

평화가 경제다

통일 비용 같은 소리 하고 있네
분단 비용이고 통일 투자다
분단으로 권력을 잡고 누렸던 자들아
분단 장사치들아
이 얍삽한 도둑놈들아
주둥이를 닥치고 발로 뛰어 봐라
가장 평화롭지 못한 언어로
딱 한 번만 말해 주마
바보들아 평화가 경제다

황명걸 詩 바보들아 평화가 경제다
김성장 글씨

〈글씨 참여 작가〉

• 대표 작가

김성장 | 시인. 캘리그래퍼. 시집 『서로 다른 두 자리』 정지용 시 해설서 『아무러치도 않고 여쁠 것도 없는』, 손글씨 시집 『내 밥그릇』이 있다. 논문으로 〈한글 서예의 사회성 연구〉가 있으며. 그동안 진천 선수촌 '문재인 대통령 어록', 제5회 세종 축제 한글 퍼포먼스, 옥천 지용공원, 청주 3.1공원, KBS 등의 제호 타이틀을 썼다. 현재 충북문화재단 이사이자 세종손글씨연구소 소장으로 활동하고 있다.

• 참여 작가

김미옥 | 한국디자인협회 캘리그래피 3급. 현재 공주 신영복민체쓰기 회원.

김미정 | 공주 수미캘리그래피 전시(2016~) 및 신영복 민체 전시회(2018) 참가. 현재 공주시 캘리그래피 강사.

김수경 | 한겨레문화센터 신영복처럼쓰기 중급 과정 수료. 묵림심연회전(2018), 신영복 민체 전시회(2018) 참가. 2018 세계서법문화대전 동상.

김정혜 | 한겨레문화센터 신영복처럼쓰기 고급 과정 수료. 신영복 민체 전시회(2018) 참가.

류미옥 | 버들글씨디자인연구소 운영. 저서 『너그럽고 속이 깊은 버들글씨』.

박현숙 | 세종손글씨연구소 연구원. 신영복 민체 전시회(2018) 참가.

백인석 | 한겨레문화센터 신영복처럼쓰기 고급 과정 수료. 신영복 민체 전시회(2018) 참가.

심은희 | 2005년부터 서여회 정기 전시회 참가.

양은경 | 공주참여연대 신영복처럼쓰기 중급 과정 수료. 공주수미캘리그래피 전시(2016~), 신영복 민체 전시회(2018) 참가. 현재 충남교육연수원 캘리그래피 강사.

윤은화 | 세종손글씨연구소 연구원. 사)세계미술작가교류협회 이사. 2018 세계서법문화대전 캘리그래피 부문 금상. 현재 공주시청 특성화교육 캘리그래피자격증 과정 강사.

이현정 | 한겨레문화센터 신영복처럼쓰기 수료. 묵림심연전 전시회(2018), 세계서법문화예술대전(2017~8) 참가.

장동광 | 세종손글씨연구소 연구원. 신영복 민체 전시회(2018) 참가.

정윤정 | 예담문화예술협동조합 대표. 세계미술작가교류협회 이사.

정진호 | 세종손글씨연구소 연구원. 신영복처럼쓰기 중급과정 수료. 신영복 민체 전시회(2018) 참가.

조원명 | 한겨레문화센터 신영복처럼쓰기 수료. 한국캘리그래피디자인협회 캘리그래퍼 1급. 현재 신천중학교 캘리그래피 강사.

최　훈 | 사단법인 더불어숲 캘리그래피 강사. 서여회 정기 전시회 참가(2010~).

추연이 | 세종손글씨연구소 연구원. 시와 서예 캘리그래피 전각 2급. 신영복 민체 전시회(2018) 참가.

황해경 | 대한민국서각대전 초대작가. 밝은솔 서각 공방 운영.

| 발문 |

평양 천동국영농장으로 보낸 딸기 한 박스

곽재구(시인, 순천대 문예창작과)

시집 『평화, 먼동이 튼다』의 원고를 읽습니다. 교육문예창작회 선생님들이 함께 모여 엮은 시집입니다. 오랫동안 선생님이라는 말과 시라는 말은 동질의 의미를 지니고 있다 생각했지요. 선생님은 삶을 가르치는 사람입니다. 시는 삶을 깨우치게 하는 그 무엇이지요. 길 위에서 만난 이가 선생님이라 하면 손을 잡고 싶습니다. 그가 평생 아이들을 가르치다 은퇴했다 하면 무릎을 꿇고 인사하고 싶지요.

초등학교 2학년 때 일입니다. 미술시간을 좋아했습니다. 그림 그리는 것이 좋았기 때문이지요. 문제가 있었습니다. 미술시간에 쓸 도화지와 크레파스가 내게 없었습니다. 1960년대 초반 한국은 가난했고 우리 집은 더 가난했습니다. 미술시간에 교실에 들어가지 못하고 운동장 구령대 곁에 쪼그리고 앉아 흙 위에 손가락 그림을 그렸지요. 선생님 한 분이 나를 보았습니다. 1학년 때 담임선생님이었습니다. 왜 들어가지 않니? 가자. 미술시간인데 도화지와 크레파스가 없어요. 세상에는 목 안에서 혼자 중얼거리는 어린 제자의 소리를 들을 수 있는 신비한 선생님이 있기 마련이지요. 선생님이 내 손목을 잡고 교무실로 데리고 가 당신이 쓰던 크레파스와 도화지 몇 장을 주셨지요. 마법사 같은 선생님. 그 순간을 생각하면 마음 안에 반짝 촛불 하나가 켜집니다.

시를 쓰는 동안 내가 지녔던 가장 큰 의문 중의 하나는 '시와 현실은 어떻게 만나야 하는가?' 였습니다. 현실을 직설적으로 노래할 때 시는 그 내면에 지닌 호수와 은하수를 잃기 마련이지요. 문제는 호수와 은하수 대신 직설의 칼을 선택할 수밖에 없는 순간이 찾아온다는 것이지요. 80년 봄 이후 우리나라의 현실이 그러했습니다. 모든 시인들이 아파하면서 자신이 써야 할 시의 지평을 스스로 구속하기도 했고 필연적인 자유를 찾고자 방황하기도 했습니다. 이 고통과 방황이 시를 쓰는 자의 피할 수 없는 운명 아닐는지요.

파리, 나혜석

여성 해방주의자
신여성 나혜석은
용산역에서 파리행 기차표를 샀다
기차는 40km의 속도로 평양을 지나
신의주
압록강 건너
옛 부여의 수도 창춘
시베리아 평원을 거쳐 페테르부르그
베를린 그리고

파리
파리에서 그녀는 그림을 그리고
사람을 만나고
사랑을 하였다

용산역 매표창구에서
'파리'라고 말하는 그녀의
입 모양을 상상하면서
나도 입술을 붙였다 벌리며
툭 뱉어본다
'파리'
오늘
이 외로운 섬나라 조국에서
끊어진 철길 앞에서
마음속 큰 고동소리를 들으며
나혜석을 그려본다
용산역 매표창구에서
파리행 열차표를 받아들고 떠나는
자유로운 영혼
그녀를 생각한다

조영옥 선생님의 시를 읽으며 이 선생님이 지녔을 지난 시절의 고통에 대해 생각합니다. 해방 이후 반도 안의 삶에 진정성의 햇살이 잠깐 비친 몇몇 시간들이 있지요. 4.19와 5.18, 6월 항쟁, 박근혜 정권 말기의 촛불 항쟁이 그 시간들입니다. 그 외의 시간들은 고통의 연속이었지요.

시인들은 아파하며 이 시절과 싸웠고 몇몇 시인들은 하릴없이 세상을 떠나기도 했습니다. 시 「파리, 나혜석」 은 고통의 시간을 통과한 이가 빚은 샘물 같은 시입니다. 밤을 새운 수공업적 작업 속에서 아파하며 어떤 시가 아름다운 시인가? 고통을 건너는 강의 형상은 어떤 모습인가? 스스로에게 묻고 답변하는 과정이 들어 있습니다. 파리라고 말하는 나혜석의 입 모양을 생각하며 목적지를 말하는 시인의 상상력이 따스합니다. 가볍지만 결코 가볍지 않은 진정성의 항해! 시는 어떻게 현실을 노래해야 하는가에 대한 지난한 답변이 되지 않겠는지요.

나도 정은이야

안녕
내 이름은 이정은

미국, 중국, 일본 어디에도 없는
정은이란 이름

철조망 걷어내고 만나는 날
넌 김정은 난 이정은

같은 이름 가진 동무들 다 불러서
끝말잇기 하고 놀 거야

속닥속닥 비밀얘기 할 거야

파란 도보다리에서처럼

통역사?
고추잠자리 따라다니겠지

이정은 선생님, 이 시를 읽는데 눈물이 쪼끔 나왔습니다. 내면에 지닌 강력한 고통의 향기가 느껴졌지요. 철조망 걷어내고 만나는 김정은과 이정은. 내겐 두 사람이 아닌 7500만 반도 안 모든 생명들의 이름으로 다가왔습니다. 김정은은 이정은이 되고 철수와 영희가 되는 마법의 시간! 나는 너가 되고 우리가 되는 거지요. 파란 도보다리 위를 산책하던 두 사람. 숲에서 들리는 새소리. 두 사람 사이의 허공을 나는 고추잠자리. 이 시는 사랑의 본질에 대한 한 의문도 우리에게 느끼게 해줍니다. 적에 대한 사랑과 연민. 한때 가장 강렬한 적의 이미지를 따뜻이 포옹할 수 있을 때 새로운 연민과 사랑이 삶 속에 찾아오기 마련이지요. 북의 정은 씨가 이 시를 보았으면 싶습니다. 그의 마음이 한없이 순해지며 민족에 대한 사랑과 평화에 대한 열망이 더욱 깊어지지 않겠는지요. 시를 읽는 동안 눈앞에 파란 도보다리 하나가 떠오르는군요. 두 사내가 통역사가 필요 없는 말로 이야기를 나눕니다. 어떻게 하면 남과 북이 함께 잘 살 수 있지? 민족, 종교, 인종, 빈부의 갈등. 세계 도처에 총성과 포연이 그치지 않는 현실 속에서 단 한 민족이 그 갈등의 고를 풀기 위해 이마를 맞댄 것입니다. 도보다리의 풍경은 그런 점에서 민족의 자랑이며 자부심입니다.

그가 말했네
―멀리서, 아니 멀다고 하면 아니 되지.

–애써 가져왔으니 잘 드시라.

남쪽에서, 아니 세계인들이 주목하고 있었지.

내 할아버진
–나라가 동강났는데 냉면까진 도저히 못 자르겠다.
한사코 가위질을 마다하셨지.

그런 냉면을 그가 낸다네.
그 냉면을 우린 대통령께 양보하고
길게 줄을 서서 기다렸지.

–조성순, 「평양냉면」 부분

옥류관 평양냉면은 지금 남과 북을 잇는 또 하나의 도보다리입니다. 나도 평양에 가고 싶습니다. 가서 제일 먼저 평양냉면을 먹어보고 싶습니다. 남과 북의 두 사내가 덕담을 나누며 냉면을 먹는 모습이 그렇게 좋아 보일 수 없었습니다. 반도 안의 모든 사람들이 원하는 시간에 마음껏 평양냉면을 먹을 수 있게 되는 날. 이날이 바로 남북통일의 날이지요. 이 시가 내 마음에 새소리를 울린 이유가 있습니다. 대통령께 냉면을 양보하고 길게 줄을 서서 기다리는 사람들. 어느 나라 어느 민족인지요. 자신이 지닌 최고의 가치를 자신이 가장 아끼는 사람에게 양보하는 사람들. 하얀 옷을 입고 아리랑을 부르고 김치와 된장국을 사랑한 사람들. 바로 우리 자신이지요. 스스로가 역사의 주인이라는 주체 의식이 들어 있습니다. 통일을 꿈꾸는 사람들의 순결한 줄서기. 당신을 사랑해요, 라는 목소리가 조용조용 들리는 줄서기.

택배로 보내는 딸기

봄에 경남 사천, 밀양에서 키운
어미 딸기 모종 1만 주를
평양 천동국영농장으로 보내면
튼튼한 아기 모종 10만 주로 길러
9월에 고향 경남으로 돌아옵니다.

아기 모종은 제 고향 온실에서
겨울 동안 무럭무럭 자라 꽃 피우고
2월부터 봄까지 우리 입에 들어와
살살 녹아내리지요.
겨울을 이겨낸 향기라
이름이 설향입니다.

사천에서 밀양에서
엄동설한 다 견디고 빨갛게 익어
입안에 사르르 하나로 녹는 통일 딸기
지금 택배로 보냅니다.
평양 천동국영농장 앞.

이응인 선생님의 시입니다. 시는 시가 지닐 수 있는 상상력의 한계와 진정성의 치밀한 그물에 대해 이야기합니다. 사천과 밀양에서 키운 딸기 모종을 평양의 천동국영농장으로 보내면 가을에 아기 모종 10만 주로 돌아옵니다. 처음 이 시를 읽을 때 나는 시가 은유라는 기본적인 상식마저

잊고 말았지요. 모든 시행들이 구체적 현실로 느껴졌습니다. 딸기 모종이 남북으로 오가는데 의문의 여지가 없었습니다. 설향이라는 이름의 통일 딸기. 사천과 밀양의 딸기밭 주인은 엄동설한을 다 이긴 통일딸기를 북녘에 택배로 보냅니다. 딸기가 짓무르지 않기 위해서는 하루 만에 평양에 도착해야 합니다. 그러니 이 택배는 퀵 서비스일 것입니다. 남북이 통일되었다는 전제가 여기 깔려 있습니다. 철도도 도로도 완벽하게 연결되어 있군요. 천동국영농장 사람들이 환하게 웃으며 모여들어 남녘 땅 딸기 먹는 모습 떠오릅니다. 꿈같군요. 이응인 선생님, 천동국영농장이라는 작명은 어떻게 하였는지요. 천동(天動). 하늘이 번쩍 감동하는 상황인지요. 언젠가 천동국영농장에 찾아가서 선생님이 택배로 보낸 딸기를 맛보고 싶은 생각 드는군요.

순안공항에서 헤어질 때
내게 눈물을 보이지 않으려고
일부러 사람들 뒤로 숨었던
평양의 히철아! 잘 있느냐?
고작 일주일 함께 지냈지만
나를 평양에서 오래 같이 살아온
선배나 형쯤으로 생각했던
평양의 히철아! 잘 있느냐?
피도 섞지 않은 네가 이리 보고 싶은데
고작 1주일 맺은 인연도
고작 17년 세월도 이렇게 그리운데,
배 아파 낳은 아들과 딸

한 피를 나눈 형제와 자매는 얼마나 더 그리움에 사무치겠느냐?

–신현수, 「평양의 히철아! 잘 있느냐?」 부분

그녀는
똑소리 나는 장철구 상업대학 출신이라 했다
녹색 바탕에 흰 글씨로
중국 도문관광이라 인쇄된 사진틀 사이로
두만강 푸른 물이 작은 실개천처럼 흐르고
이제는 사공도 없다고 건널 수 없는 저곳을 건너면 북녘땅이라고
그녀는 장군님 식솔이라는 예술영화 '민족과 운명 노동계급 편'
영화주제곡을 촉촉하게 잘 부르는 그녀는
내가 학교 선생이란 사실과
싱어송 라이터를 꿈꾸는 딸과 함께 왔다는 사실을 알고
해 비친 날 내리는 보슬비처럼
연변노래인지 조선노래인지 모를
'아버지의 사랑이'라는 노래를 보슬보슬 불렀다

–김태철, 「폭우가 푹푹 쏟아졌다」 부분

살아가며 살붙이 형제의 냄새만큼 그리운 것이 있을는지요. 한 시공에서 같은 꿈을 꾸며 살았던 사람들. 같은 솥의 밥을 퍼 수저 소리 부딪치며 먹고 아프면 함께 울고 좋은 날 수박넝쿨 우거진 원두막에 올라 푸른 하늘을 바라보던 사람들. 이름만 들어도 그냥 좋은 사람들. 헤어져 70년이 다 된 사람들. 어찌 그립고 안타깝지 않겠는지요. 평양에서 온 히철이. 관광 가이드였을지 모르겠군요. 그와 1주일 만나고 헤어졌는데

몹시 그리운 것입니다. 70년 분단의 세월. 형식적으로 그것은 국토의 분단이지만 본질적으로 형제의 손과 발이 찢긴 쓰라린 현실을 의미합니다. 찢어져 허공을 떠도는 손이 자신의 발을 만났으니 얼마나 기막힌 일인지요.

'아버지의 사랑'이라는 영화 주제곡을 잘 부르는 그녀 또한 여행 가이드입니다. 북녘 땅에서 태어나고 자랐다는 사실만으로 그의 노래가 그의 이름과 현실이 마음 안으로 파고드는 것입니다. 같은 기억이 내게 있습니다. 울란바토르의 북한 식당에서 만난 이. 울밑에 선 봉숭아 노래가 끝났을 때 물었습니다. 누구에게 배웠는지? 아버지예요. 살아 계신지? 예. 평양엔 언제 돌아가는지? 다음 달. 식당 한쪽에 선물을 파는 코너가 있었지요. 개성 인삼 한 박스를 샀습니다. 돌아가서 아버지 드리세요. 이건 어머니 드려요. 입술연지 하나도 건넸지요. 얼굴을 본 적 없는, 이름도 모르는 누군가에게 선물하기는 처음이었습니다. 식당 계단까지 따라온 이가 내 옷소매를 가만히 잡더군요.

상상 – 기막힌 사업

내게 기가 막히게 좋은 생각 하나 있으니 들어볼 텐가

태풍에 다 떨어지고 용케 매달린 사과 몇 알. 그놈을 '태풍도 이긴 사과'라고 얘기 덧씌워 대박쳤다는 일본의 어느 농부 이야기처럼 삼팔선 아니 디에므제트 철책선, 이젠 녹슬고 통한의 더께 앉아 고철로 팔아도 시원찮을 철조망 그걸 보고 있자니 이런 생각이 들더라고.

그 녹슨 철조망 하나 길쭉하게

꼭 이런 모양으로 한 토막씩, 잘 드는 펜치로 이 앙다물고 원한을 끊어내듯 아주 신나게 똑똑 끊어서 이쁘게 조그만 종이 상자에 담고

그 아래 이게 휴전선 어디쯤 철조망이라고 그럴듯한 증명서도 넣고

그리고는 세상에서 마지막 남아 있던 분단의 흔적이라고 그럴듯하게 이야기도 달아서 팔면 대박도 그런 대박이 없을 사업.

그러면 우리도 미국 사람도 중국 사람도 러시아 사람도 일본 사람도 이 녹슨 철조망 한 조각이 부모와 자식, 사람과 사람을 얼마나 아프게 했는지 기억할 테지.

–민태홍, 「상상–기막힌 사업」

삶과 시가 꾸는 꿈은 같습니다. 더 좋은 세상을 만드는 것. 차이가 있지요. 시의 꿈은 이곳에서 다시 시작된다는 것입니다. 아무리 좋은 세상이 와도 시인은 그곳에서 새로운 꿈을 꾸는 존재이지요. 만약 수선이 필요 없는 완벽한 이상향의 시대가 온다면 그때 시인은 불순한 꿈을 꾸기 시작할 것입니다. 그것이 시 정신이니 말이지요. 민태홍 선생님이 만든

봉지 속의 녹슨 철조망 한 조각. 약봉지에 담긴 알약들보다 가슴 뜨뜻하게 다가옵니다. 우리가 못났기 때문에 빚어진 역사 앞에서 우리는 더 강하게 앞날과 운명을 개척해 나가야 할 것입니다.

교육문예창작회의 선생님들이 쓰는 시는 지난한 현실을 밝히는 촛불 같은 존재입니다. 선생님들로부터 시를 배운 학생들은 현실의 꿈에 만족하지 않고 더 나은 더 아름다운 인간의 꿈에 대해 생각할 것입니다. 전업 시인이 쓴 시보다 선생님이 쓴 시가 더 순결하고 아름다워야 할 이유가 여기 있습니다.

한 선생님이 촛불을 들고 거리를 지나갑니다. 즈믄 학생들이 촛불을 들고 뒤를 따르겠지요. 또 한 선생님이 촛불을 들고 거리를 걷습니다. 즈믄 학생들이 다시 뒤를 따르고. 행렬이 끝없이 이어지면 우리들의 삶도 복숭아꽃이 만개한 들판에 이르겠지요. 아픈 현실에 무너지지 않고 아름다운 시를 쓰신 선생님 모두에게 경의를 드립니다.

날마다 평화로 모두가 모두에게 스며들자

김태철(교육문예창작회 사무총장)

두둥 두둥 먼동이 튼다 평화의 먼동이 튼다
한강에서 대동강까지 평화의 먼동이 튼다
두둥 두둥 두둥실 솟아라 서울에서 평양까지
만나는 마을마다 아리랑을 부르자
아리랑 아라리요 아리랑을 부르자
누구라도 얼싸안고 경의철도 고개를 넘어
모두가 모두에게 아리랑 아라리로
두둥 두둥 두둥실 평화의 먼동이 튼다

교육문예창작회(이하 교문창)는 1989년 창립 이후 우리 겨레의 평화와 통일을 위해 달려왔습니다. 이광웅 초대 회장님은 분단의 상처 아래 시 「목숨을 걸고」를 창작하며 겨레의 평화와 통일을 위해 한목숨을 살다 금강 가에 자그마한 시비(詩碑)로 남으셨습니다. 교육운동에 투신하던 시인 신용길 선생님은 「식민지 국어시간」의 비애를 통한의 애증으로 노래하다 우리 곁을 떠났습니다. 교문창은 예전에 다짐했던 '우리는 날마다 이긴다'를 넘어 이제 '날마다 평화로 모두가 모두에게 스며들자'라는 학생 중심 평화교육으로 전환할 것을 요구합니다. 우리는 평생을 교육 일선에 선 경험을 바탕으로 일방적으로 가르치는 행위가 더 이상 유효하지 않다고 판단합니다. 무엇보다도 우리 아이들 하나하나가 하늘입니다.

평화교육시집 『평화, 먼동이 튼다』는 교육현장에서 분단이 우리들의 일상에 어떻게 스며들어 있는지 찾습니다. 교문창은 평화시를 통해 73년이라는 분단의 시간과 공간이 우리를 어떻게 다르게 만들었는지, 남아 있는 비슷한 점이 있다면 무엇인지를 교문창 회원 77편의 작품 속에 오롯이 담았습니다. 우리 일상에서 통일을 삶으로 살아 낼 준비가 돼 있는지 고민해야 합니다. 이 모든 과정은 결코 쉬운 길이 아닐 것입니다. 『평화, 먼동이 튼다』가 이 길에 함께할 것입니다. 전 세계에서 유일한 분단국가, 유일하게 분단된 교육을 극복하는 첫 햇귀부터 평화가 스며들기를 소망합니다. 『평화, 먼동이 튼다』가 전국 방방곡곡 평화교육의 현장에서 작은 울림으로 퍼져나가길 기대합니다.

짧은 시간 『평화, 먼동이 튼다』 시를 창작한 교문창 선생님들, 밤을 새우며 손글씨를 쓴 김성장 선생님과 세종손글씨연구소 연구원들, 시집을 내기 위해 도와준 (주)해냄에듀 정덕균 이사님과 편집실 식구들, 모두 모두 고맙습니다.

"평화가 여러분과 함께!"

평화, 먼동이 튼다

초판 1쇄 2018년 10월 1일

지은이 | 교육문예창작회
펴낸이 | 송영석

개발 총괄 | 정덕균
기획 및 편집 | 조성진, 김형국, 박수희, 조유진, 이진화, 최기혁, 장혜연
마케팅 | 박재영
관리 | 고인재, 박진숙
표지 디자인 | 디자인뭉클
본문 디자인 | 디자인뭉클

펴낸곳 | (주)해냄에듀
신고번호 | 제406-2005-000107
주소 | 경기도 파주시 회동길 57-9 푸른숲빌딩 1층
전화 | 편집(031)955-7553~6 / 영업(031)955-7551 / 팩스(031)955-7550
홈페이지 | http://www.hnedu.co.kr

ISBN 978-89-6446-155-6 03810